Anita Maas

Dein Natur Retreat

Mit den vier Elementen zu innerer Ruhe und Kraft finden

mvgverlag

Anita Maas

Dein Natur Retreat

Mit den vier Elementen zu innerer Ruhe und Kraft finden

mvgverlag

Bibliografische Information der Deutschen Nationalbibliothek
Die Deutsche Nationalbibliothek verzeichnet diese Publikation in der Deutschen Nationalbibliografie.
Detaillierte bibliografische Daten sind im Internet über http://d-nb.de abrufbar.

Für Fragen und Anregungen
info@mvg-verlag.de

Originalausgabe
1. Auflage 2023

Türkenstraße 89
80799 München
Tel.: 089 651285-0
Fax: 089 652096

Redaktion: Ulrike Reinen
Umschlaggestaltung: Manuela Amode
Umschlagabbildung: Shutterstock.com/Mike Pellinni,azarnov
Satz: feschart print- und webdesign, Michaela Röhler, Leopoldshöhe
Druck: Florjancic Tisk d.o.o., Slowenien
Printed in the EU

ISBN Print 978-3-7474-0547-5
ISBN E-Book (PDF) 978-3-96121-922-3
ISBN E-Book (EPUB, Mobi) 978-3-96121-925-4

Wir produzieren nachhaltig
www.m-vg.de

Weitere Informationen zum Verlag finden Sie unter
www.mvg-verlag.de
Beachten Sie auch unsere weiteren Verlage unter www.m-vg.de

Inhalt

Erde, mein Körper.

Wasser, mein Blut.

Luft, mein Atem.

Feuer, meine Seele.

Vorwort

Um es gleich vorwegzunehmen: Ich wünsche diesem Buch viele, viele Leser und Leserinnen und dass sie alle Geschenke der Natur, so wie sie in diesem Buch beschrieben sind, erleben. Möge es vielen Menschen den Weg zurück in die Natur ebnen.

Es ist ein wichtiges Buch, gerade in unserer jetzigen Lebenssituation, in der die meisten von uns mehr Zeit in der digitalen Welt verbringen als in der Natur. In der die Natur fast keinen Stellenwert mehr hat und viel zu wenig geschätzt wird. Als wir noch in der Steppe lebten, war es überlebensnotwendig, die kleinste Bewegung des Steppengrases wahrzunehmen, hinter der sich eine Gefahr verbergen konnte. Auch heute noch schauen wir nach allem, was sich bewegt, und das ist einfach zu viel!

Wir müssen lernen, unsere Aufmerksamkeit dorthin zu wenden, wo sich nichts bewegt, wo eine Bewegung harmonisch ist, wo Ruhe herrscht. Um diese Ruhe, auch in uns selbst, zu finden, greift das uralte bewährte Mittel wieder: hinaus in die Natur! Am besten ganz weit weg von dem Lärm der Motoren und Maschinen, vielleicht in die Berge, an einen Bach, auf eine Wiese oder mitten in den Wald hinein. Dort finden wir Ruhe, Stille und Aufatmen, dort finden wir die Kraft der Natur und verbinden uns mit dieser Quelle. Wir spüren wieder, wie gut das tut und wie sehr das nährt. Über eine solche Atempause kommen wir in die Konzentration, in unser Zentrum, in unsere Mitte. Wir merken deutlich, wie wichtig es ist, sich zu erden und in der echten Welt, in der Welt der Natur, in der Welt, die man anfassen kann, die voller Gerüche ist, voller Geräusche und voller großer und kleiner Wunder, achtsam unterwegs zu sein.

Genau dafür ist dieses Buch ein einladender Leitfaden. Es hilft dabei, den Zugang zur Natur wiederzubekommen oder immer weiter zu vertiefen. Es führt weg von der »Leistungsgesellschaft«, weg von dem anstrengenden Streben nach Macht, Ruhm, Anerkennung und Geld. Es führt hin zu einem selbstbestimmten Leben mit der Natur, in dem wir uns jeden Tag neu ausprobieren können.

Es wird nicht lange dauern, bis wir merken, wie gut das tut, wie schnell die Regeneration zu spüren ist. Und wie wichtig es ist, sich mit der Natur zu verbinden. Wie wichtig es ist, die Basis allen Lebens, die Elemente Erde, Luft, Wasser, Feuer und auch den Äther wieder wahrzunehmen, ihre Qualitäten zu erleben, sie in der Natur zu finden und sie auch in sich selbst zu entdecken. Das sind Momente, in denen wir alle unsere Sinne brauchen, nicht nur die Augen, die sowieso überstrapaziert sind, sich aber auch wieder bei all den Grüntönen im Wald erholen. Wir brauchen in der Natur und im Alltag auch unsere Ohren, die Nase, den »Spürsinn« und den Geschmack, wir brauchen all unsere Sinne als inneren Wegweiser.

Wenn unsere Wahrnehmungen aktiv sind, erleben wir Momente, in denen wir Kraftfelder spüren, das Fließen um uns herum und in uns selbst. Das sind Momente voller Freude. Und voller Kraft. Diese Momente verändern uns, unser Erfahren von der Welt und damit auch unser Leben. Die Leichtigkeit des Seins und das Lächeln kehren zurück.

In diesem Sinne wünsche ich dem Buch eine weite Verbreitung in unserer Zeit und einen guten und beständigen Fluss zu allen Menschen, die es brauchen. Möge es ihnen und unserer Umwelt guttun.

Alles fließt – panta rhei – und du fließt mit.

Dr. Ursula Stumpf
Apothekerin und Heilpflanzenexpertin

Einleitung

Ruhst du in dir und fühlst du dich geborgen und sicher? So sollte es sein, denn das ist der Ort, von dem aus du dein Leben gestaltest.

Allzu leicht lassen wir uns ablenken und sind mit dem beschäftigt, was um uns herum passiert oder sich in der digitalen Welt abspielt. Dadurch verlieren wir uns selbst. Wir suchen danach im Universum der unendlichen Möglichkeiten, aber finden uns nicht. Am Ende wissen wir gar nicht mehr, wonach wir suchen.

In einer Welt aus Beton und Plastik spüren wir mehr und mehr, wie sehr wir uns von der Natur abgeschnitten haben, und eine verborgene, tiefe Sehnsucht danach, uns mit unserem natürlichen Zuhause zu verbinden und aus der prallen Vitalität allen Lebens wieder Kraft zu schöpfen.

Der Weg zurück zur Natur ist ganz einfach: Statt dich in die digitale Welt ziehen zu lassen, gehe in die lebendige und wunderschöne Natur. Über das Wahrnehmen all dessen, was real existiert, ziehst du deine Aufmerksamkeit wieder zurück zu deiner unmittelbaren Umgebung.

Die vier Elemente Erde, Luft, Wasser und Feuer sind die Grundsteine, auf die alles Leben zurückgeführt werden kann. In diesem Buch machst du dich mit der Qualität jedes einzelnen Elementes vertraut und erfährst, wie du dich wieder stärker damit verbinden kannst.

So zeigt dir die Erde, wie du festen Boden unter den Füßen bekommst, das Element Luft lässt dich aufatmen und weckt deine Kreativität, mit dem Element Wasser kommst du in den Flow und lässt deine Gefühle fließen und das Element Feuer hilft dir, deine Leidenschaft zu entdecken und deine Begeisterung zu entfachen.

Wenn du lange genug draußen bist, wirst du feststellen, dass draußen eigentlich drinnen ist, so beschrieb es der amerikanische Naturforscher John Muir. Denn dann bist du in der Natur zu Hause und hast den Schlüssel zu deiner eigenen Natur gefunden.

Du bist in dir, verbunden mit deiner Seele, deine innere Stimme spricht deutlich zu dir, du gehst ruhig und bestimmt deinen Weg, voller Freude und Kraft.

Das Buch ist so aufgeteilt, dass jedes Element zunächst mit seinen Qualitäten ausführlich vorgestellt wird. Es ist eine Einladung, in die Natur zu gehen und dich mit diesem Element eingehend zu beschäftigen und einen tiefen Zugang dazu zu finden. Daran schließt sich an, woran du erkennst, dass dir ein Element fehlt, und beschreibt, wie du dieses Element in deinem Leben stärken kannst, damit alle Elemente in dir im Einklang sind.

Zu den Elementen werden Naturrituale vorgestellt, deren Kraft du für deinen persönlichen Prozess nutzen kannst.
Abgerundet wird das Buch durch die Vorstellung von Pflanzenpersönlichkeiten, die das jeweilige Element verkörpern.
Zum Schluss weise ich auf die Naturwesen hin, die dieses Element regieren.
So dient das Buch dazu, die Grundbausteine der Natur und ihr Zusammenwirken auf einer tiefen Ebene zu erfassen. Es ermöglicht den leichten Einstieg in die Naturverbundenheit und bereichert auch langjährige Naturliebhaber mit neuen Inspirationen.
Also reiß die Fenster und Türen auf, geh hinaus und verbinde dich wieder mit den puren Elementen der Natur. Spüre, wie sehr du selbst aus diesen Elementen gemacht bist, wie sie durch dich hindurchströmen, dich prägen, dich beflügeln und bewegen. Werde wieder lebendig und sei erfüllt von der Lebenskraft, die alles auf Erden durchdringt.

Die vier Elemente

Alles, was auf dieser Erde existiert, ist in unterschiedlichen Erscheinungsformen auf die vier Elemente zurückzuführen.

Die Erde ist der fruchtbare Boden, aus dem alle Pflanzen hervorgehen und zu dem jedes Lebewesen wieder wird, wenn seine Zeit vorbei ist. Aus diesem immerwährenden Kreislauf entstehen eine ungeheure Fülle und großer Reichtum. Die Erde produziert Nahrung für alle im Überfluss. Wenn du dein Vertrauen in das Leben stärken möchtest, dann widme dich dem Element Erde. Du bekommst wieder festen Boden unter den Füßen und findest Halt.

Das Element Luft umgibt uns. Vom ersten Atemzug bis zum letzten sind wir mit der Luft aufs Innigste verbunden. Wir teilen unseren Atem mit allen anderen Geschöpfen auf dieser Welt. Das Element Luft steht für Inspiration (lateinisch *inspirare* = einatmen). Brauchst du also Anregungen, dann kannst du deine Kreativität durch das Element Luft stärken.

Wir kennen das Element Wasser, wie es hell und klar aus der Leitung kommt, in unseren Flüssen fließt, als Regen vom Himmel fällt und in Seen und den Meeren die größte Fläche auf unserem Erdball einnimmt. Wasser ist aber auch unser Blut und der Zellsaft der Pflanzen. Über die Beobachtungen des Wassers in all seinen Facetten erkennen wir seine Qualität und können sie verschiedenen Prinzipien zuordnen. So steht das Wasser für unsere Gefühle: Es zeigt sich in den Regentropfen, die wie unsere Tränen über das Gesicht rinnen. Manchmal überschwemmen uns auch unsere Gefühle oder sie hüpfen und springen wie ein munterer Gebirgsbach.

Feuer knistert und brennt, wenn es Holz verzehrt, es kommt als Wärme und Licht von dem Feuerball der Sonne zu uns. In uns brennt das Verdauungsfeuer und verwandelt unsere Nahrung in Energie. Feuer ist eine treibende Kraft für Transformation. Möchtest du in deinem Leben etwas verändern, hilft dir das Element Feuer dabei und gibt dir den notwendigen Energieschub.

Harmonischer Ausgleich der Elemente

Ein Ort in der Natur wird als besonders angenehm empfunden, wenn alle vier Elemente zu gleichen Teilen vorhanden sind: zum Beispiel, wenn du an einem Baum stehst, die Sonne durch die Blätter scheint, in der Nähe ein Bach plätschert und ein leichter Wind die Zweige hebt und senkt. Wenn nur ein Element komplett fehlt, kann sich das unerträglich anfühlen. Stell dir vor, du bist auf dem offenen Meer mit gleißender Sonne und Wind, aber ganz ohne Erde! Oder du bist in einer extrem trockenen Savanne, wo die Sonne vom Himmel brennt und heißer Wind weht. Nirgendwo Wasser! Oder du befindest dich in einem Land, in dem es heftig regnet und stürmt und die Sonne fehlt.

Diese Vorstellungen sind sehr leicht nachzuvollziehen. Genauso ist es mit deinem ganzen Leben, deiner Ernährung, deiner Wohnung, deiner Arbeit oder deiner Partnerschaft. Solange Feuer, Erde, Wasser und Luft in gleichen Teilen vorhanden sind, läuft es gut und du bist zufrieden. Fehlt ein Element oder ist unterrepräsentiert, bist du unzufrieden und unglücklich. Deswegen ist es so wichtig, darauf zu achten, dass alle Elemente im harmonischen Gleichgewicht sind. Bei jedem Element findest du in dem entsprechenden Kapitel heraus, ob dir dieses Element gerade fehlt und wie du es stärken kannst, damit der Ausgleich wiederhergestellt ist.

Was ist ein Ritual?

Rituale sind Handlungen, die mit einer ganz speziellen Intention ausgeführt werden. Unsere Absicht spielt dabei eine zentrale Rolle. Du kannst eine Hand entweder heben, um jemanden zu grüßen oder deinen Segen zu schicken. Es ist dieselbe Bewegung, hat aber eine ganz andere Funktion und Wirkung.

Die wichtigste Zutat für dein Ritual ist deine volle Aufmerksamkeit. Alles andere ist Beiwerk. Es kann sein, dass die innerliche Vorbereitung dafür Stunden oder sogar Tage und Wochen dauert. Wenn du dich zum Beispiel damit beschäftigst, dass du immer noch einen tiefen Groll gegen jemanden hegst, und findest, dass es an der Zeit ist, ein Vergebungsritual zu machen, so kann es lange dauern, bis du das wirklich erfasst hast und voll dahinterstehst. Es ist, als würdest du die Energie, die mit dem Thema zusammenhängt, aufschütteln wie Frau Holle, die die Betten macht. Du beschäftigst dich damit, holst alles noch mal hervor und schaust in jede Ecke, bis das Thema ganz präsent ist in dir. Dann bist du perfekt vorbereitet, um die Energie dieses Themas mit aller Konzentration zusammenzuschieben. Du bündelst alles, was damit zu tun hat, und legst alle Gefühle, die damit zusammenhängen, in diese eine Handlung. So kannst du zum Beispiel das, was du abgeben möchtest, in ein Stöckchen pusten, einen mit dem Thema aufgeladenen Gegenstand in den Fluss werfen, eine Brücke überschreiten und dabei etwas hinter dich werfen, einen Brief verbrennen oder einen symbolhaften Gegenstand beerdigen. Deiner Fantasie sind dabei keine Grenzen gesetzt.

Du kannst das Ritual allein machen, wenn du ungestört sein möchtest. Manchmal ist es aber sehr unterstützend, wenn du das Ritual zusammen mit anderen in einer kleinen Gruppe machst, die auch etwas verabschieden möchten. So oder so wirkt es stark bekräftigend, wenn du deine Worte dazu laut aussprichst und nicht nur in Gedanken formulierst. Es macht einen Unterschied. Du bezeugst vor dir selbst oder auch vor anderen, was du gerade mit deiner rituellen Handlung tust. Du hörst dich selbst reden und versprichst es sozusagen vor Gott.

Die Wirkung des Rituals hängt davon ab, mit wie viel Überzeugung und Kraft du es machst. Wenn du den Bund der Ehe vor Zeugen schließt, wirst du das Jawort auch mit einer gewissen Ernsthaftigkeit aussprechen. Ebenso nachdrücklich kannst du dein Ritual mit einigen (wenigen) Worten begleiten. Ein bekräftigendes »So ist es« schließt das Ritual ab.

Ein Ritual macht man nicht zum Spaß oder nimmt es auf die leichte Schulter. Wenn du mit ganzem Herzen dabei bist, wird die Wirkung nicht ausbleiben.

Was ist ein Kraftort?

Ein Kraftort ist ein Platz in der Natur, an dem viel Energie zusammenkommt. So gibt es große Kraftorte, die schon seit Urzeiten für Rituale genutzt werden und an denen zu ihrer Erkennung Steinkreise errichtet wurden. Es kann sein, dass sich dort zum Beispiel Kraftlinien, sogenannte Leylines, kreuzen oder dass sie sich durch andere besondere Begebenheiten auszeichnen. Bei den Kelten galten Orte, an denen sich ein Berg, eine Höhle und eine Quelle befinden, als Kraftorte. Häufig sind es aber auch Plätze mit nur einer Besonderheit. So findet man beispielsweise an Orten mit einer Quelle kleine oder größere Mariengrotten. Hier wird gebetet und gebeten, gedankt und gehuldigt. Besonders bekannt ist die Quelle in Lourdes, zu der jedes Jahr Hunderttausende pilgern und Wasser von dort mitnehmen.

Ebenso sieht man auf Anhöhen und Gipfeln oft ein Kreuz oder eine Kapelle. Dies sind Zeichen, dass meistens schon weit vor der Zeit der Christen diese Orte zu heiligen Handlungen genutzt wurden.

Für mich ist jeder Berg, jede Höhle und jede Quelle ein kleiner Kraftort. Wenn du auf deinen Streifzügen durch die Natur unterwegs bist, wirst auch du garantiert auf besondere Plätze stoßen. Das kann ein außergewöhnlich gewachsener Baum sein oder eine Stelle mit üppigem Wachstum, die sehr lebendig erscheint. Alte Wurzeln zum Beispiel, die mit Farnen und Moosen bewachsen sind und auf denen im Frühjahr der Sauerklee mit seinen zarten lila gestreiften weißen Blüten wächst. Vielleicht stößt du auf einen kleinen Felsen oder einen Baumstamm, in dem du ein Gesicht erkennst.

Es gibt also Kraftorte, die von Natur aus da sind und die häufig andersartiges oder üppiges Wachstum zeigen. Du kannst dir aber auch selbst einen kleinen Kraftort gestalten, in deinem Garten oder an einem Platz in der Natur, den du öfters aufsuchst. Bringe kleine Geschenke wie Blumen, Nüsse, Früchte oder Edelsteine mit, lege dort Symbole für die vier Elemente hin oder gestalte ein Naturmandala. Dieser Ort eignet sich vielleicht auch für das eine oder andere Ritual. Auf jeden Fall kannst du hier deine Gebete sprechen und mit dir selbst und Gott in Kontakt gehen. Dadurch erschaffst du dir im Laufe der Zeit durch deine Gedanken und Handlungen einen eigenen kleinen heiligen Raum.

Das Wesen von Pflanzen

Pflanzen verkörpern für mich Persönlichkeiten. Ich liebe es, sie zu beobachten, zu beschreiben und ihnen Namen zu geben, die sie charakterisieren. Das hat nichts mit der botanischen Kategorisierung nach Linné oder mit der Zuordnung nach Planetenkräften zu tun. Es ist einfach meine Art, die Pflanzen zu sehen. Zu jedem Element habe ich zwei Pflanzen herausgesucht, die meines Erachtens sehr gut dazu passen und es auf eine bestimmte Art verkörpern. Die Beschreibungen der Pflanzen unterstützen dich dabei, das Wesen des Elementes zu verstehen. Darüber hinaus ist es auch eine Einladung an dich, dir deine eigenen Gedanken zu den Pflanzen zu machen, die dir auf deinem Weg begegnen oder die dich anziehen.

Welt der Naturwesen

Das Reich der Elfen und Zwerge wird oft den Märchen und Fantasiewelten zugeschrieben, weil sie für die meisten Menschen nicht sichtbar sind. Und doch gibt es immer wieder Menschen, vor allem Kinder, die sie sehen oder fühlen oder ahnen können. Ebenso wie Engel sind sie feinstoffliche Wesen, die sich auf besondere Art bemerkbar machen und mit denen wir telepathisch kommunizieren können. Inzwischen gibt es einige Bücher und Kartensets dazu, die von Menschen geschrieben sind, die einen wahrhaften, engen Austausch mit den Naturwesen haben und uns einen Einblick in deren Beschaffenheit geben.

Ihre Aufgabe ist es, sich um die Natur zu kümmern, um jedes Element und jedes Lebewesen darin. Dort, wo sie sich zurückgezogen haben, zumeist weil der Mensch ihren Lebensraum zerstört hat, kann sich die Natur nur schwer erholen. Naturwesen kümmern sich darum, dass die Flüsse sauber bleiben und die Pflanzen gut gedeihen. Sie bewachen heilige Plätze und hüten die Schätze der Erde. Wer mit ihnen zusammenarbeitet, wie zum Beispiel die Gemeinschaft in Findhorn (eine spirituelle Lebensgemeinschaft in Schottland), weiß ihren Einfluss auf das Wohl aller zu schätzen. In Island gibt es Elfenbeauftragte, die bei Neubauprojekten zurate gezogen werden. Baut man nämlich eine Straße oder ein Haus auf einem Elfenhügel, werden jede Menge Hindernisse und Schwierigkeiten auftreten.

Ich werde hier nicht in die Tiefe gehen, aber ich möchte deine Augen, Ohren und alle deine Sinne schärfen für die Anwesenheit der Naturwesen. Nur wenn wir etwas überhaupt für möglich halten, können wir es sehen. Mich bereichern die Ausflüge ins Reich der Elfen und Zwerge. Es gibt so viel zwischen Himmel und Erde, das wir nicht sehen können.

DAS ELEMENT ERDE – ERDE TRÄGT

Das trockene Laub auf dem weichen Waldboden knistert leise unter meinen nackten Füßen. Ich lasse mich an meinem Kraftbaum nieder, der beständig und zuverlässig seit vielleicht hundert Jahren an diesem Platz steht. Mein Rücken lehnt an seinem kräftigen Stamm, meine Hände gleiten an seinen Wurzeln entlang bis zur Erde. Ich schiebe das Laub zur Seite und zerkrümele den fruchtbaren, schwarzen Humus zwischen meinen Fingern. Ich atme den Duft der Erde tief ein und fühle mich gehalten.

Qualität des Elementes Erde

Das Element Erde wird unserem Körper zugeordnet. Unser Fleisch und unsere Knochen sind wie die Erde. Wenn du mit dem Flugzeug über die Erde fliegst, siehst du die kahlen Gebirgsketten, die wie ein Skelett aus dem Fleisch der Erde herausragen.

Den Schamanen sind die Berge heilig. Sie sind unsere Großväter, denn sie sind die ältesten Wesen der Erde. In ihnen ruht eine ungeheuer große Kraft. Berggeister sind mächtig. Wer auf einem Berg herumklettert, sollte wissen, mit welch mächtigem Wesen er oder sie zu tun hat, und ihm respektvoll begegnen.

Die fruchtbare Erde ist wie unser Fleisch. Sie ist durchzogen von feinen Kapillaren, die mit Wasser gefüllt sind, so wie unser Gewebe mit Blut. In ihrem natürlichen Zustand ist die Erde immer von Wiesen oder Wäldern bedeckt, die sie vor dem zu starken Einfluss von Sonne, Wind und Regen schützen. Dieser grüne Belag ist wie die Haut der Erde. Wenn es irgendwo eine Wunde gibt, dann schließt sie sich rasch wieder, indem Gras darüber wächst.

Wenn wir sterben, geht unser Körper wieder zur Erde zurück: »Erde zu Erde, Staub zu Staub«. Diese Worte werden bei einer Beerdigung gesprochen. Mit diesem Ritual geben wir der Erde unseren Körper nach dem Tod zurück, während wir uns ein ganzes Leben lang von ihren Früchten ernährt haben.

Die Erde zeigt uns deutlich den ständigen Kreislauf von Wachsen und Vergehen: Ein Baum treibt im Frühjahr aus den Knospen neue Blätter aus, bis sich ein gigantisches Blätterdach ausbildet. Im Herbst fallen die Blätter zu Boden und werden dort von unzähligen Mikroorganismen zu gutem Humus zersetzt, der wiederum über die Wurzeln den Baum mit Nährstoffen versorgt. Die Erde recycelt alles. Alles, was entsteht, wird auch wieder in den Kreislauf eingeschleust.

Zum Element Erde wird außer dem Erdboden, dem Humus, Sand, Kies, Steinen und Bergen, auch alles gezählt, was die Erde hervorbringt: Alle Pflanzen, Gräser, Blumen, Kräuter, Sträucher, Bäume und unsere Gemüsepflanzen gehören dazu.

Fruchtbarkeit in Hülle und Fülle

Erde steht für Fruchtbarkeit, denn sie bringt alle unsere Früchte hervor. Jedes Getreidekorn und jeder Apfel können nur auf unserem Tisch liegen, weil der Same dafür vorher in fruchtbarer Erde gekeimt und gewachsen ist. Fruchtbare Erde ist das wertvollste Gut, das wir haben. Gute, mit Nährstoffen angereicherte Erde voller Mikroorganismen ist die Grundlage für jedes Wachstum. Wir nennen fruchtbare Erde zu Recht »Mutterboden«, denn sie ernährt jede Pflanze, die in ihrem »Körper« wächst, mit ihrem Substrat. Man müsste ein Festgewand anziehen, wenn man auf den Acker geht, vor lauter Ehrfurcht vor dem Boden.

Wo es fruchtbares Land gibt, ist uns ein Leben in Hülle und Fülle garantiert. Es herrschen paradiesische Zustände: Alles wächst und gedeiht. Eine üppige, grüne Landschaft ernährt unzählige Lebewesen, von den Insekten bis zu den Hirschen und natürlich uns Menschen.

Es herrscht ein Überfluss an allem. Eine ausgewachsene Eiche trägt jedes Jahr Tausende von Eicheln. Es ist genug für jeden da: Einige Eicheln werden von Eichhörnchen oder Wildschweinen gefressen, andere verrotten in der Erde, und wenige keimen aus und wachsen zu einem neuen Baum heran. Die Blumen blühen und produzieren Nektar im Überfluss für die Bienen und Insekten. Wohin man schaut, gibt es alles in Hülle und Fülle. Schau dir an, wie viele Äpfel im Herbst unter einem Baum liegen! Mutter Erde gibt und gibt und gibt. Wenn alles im Gleichgewicht und im natürlichen Einklang ist, herrscht nirgendwo Mangel. Im Gegenteil! Sei dir der Großzügigkeit der Erde bewusst und bade in dem Gefühl, von Fülle umgeben zu sein!

Wir tun also gut daran, die Erde zu hegen und zu pflegen. Für uns sesshafte Menschen ist es besonders wichtig, uns um die Qualität unseres Ackerbodens zu kümmern, da wir nicht einfach weiterziehen und die Erde sich wieder erholen kann. Ausgelaugte Böden bringen nur unter Einsatz von Kunstdünger eine Ernte hervor. Der Einsatz von Dünger spornt das Wachstum so sehr an, dass die Erde sich völlig verausgabt. Zurück bleiben leblose Krumen, die kein Wasser mehr halten können.

Die Natur macht uns vor, wie die Erde dauerhaft für alle Bewohner dieses Planeten fruchtbar bleibt, denn sie produziert »Grünmasse« im Überfluss, die den Bodenlebewesen als Nahrungsgrundlage dient. Das zersetzte und verrottete Pflanzenmaterial reichert die Erde mit Nährstoffen für das neue Wachstum an. Bei der Dreifelderwirtschaft wird ein Stück Land alle drei Jahre ruhen gelassen, damit es sich wieder erholen kann. Der Ertrag wird im darauffolgenden Jahr die Zeit der Brache wiedergutmachen. Auch in der Permakultur widmet man sich ausgiebig der Anreicherung des Bodens, um fruchtbare Erde zu erzeugen.

Der Kreislauf von Wachsen und Vergehen

Zur Fruchtbarkeit gehört ebenso das Sterben. Erst der Tod, das Absterben, ist die Grundlage für neues Wachsen. Stelle dir einmal diesen gigantischen Kreislauf von Wachsen und Vergehen vor! In jeder Sekunde wächst und stirbt es überall auf und in der Erde. Manchmal sind die Zyklen lang wie bei einem Baum, der 1000 Jahre alt werden kann, manchmal ganz kurz wie beim Leben der Eintagsfliege. Sehr anschaulich ist dieser Kreislauf jedes Jahr im Herbst zu sehen, wenn die Pilze nach kräftigen Regengüssen in der warmen Herbstsonne über Nacht in allen Farben und Formen aus dem Boden schießen und schon wenige Tage später wieder zerfallen und im Erdreich aufgehen, als wären sie nie da gewesen. Unterirdisch ist das Myzel weiter lebendig und wird im nächsten Jahr wieder die Fruchtkörper hervorbringen. Das Erscheinen und Verschwinden der Pilze zeigt dir wie im Zeitraffer deutlich, dass alles Leben vergänglich ist, auch unseres. Genau diese Erkenntnis, dass wir alle irgendwann sterben werden, ist unser wichtigstes Lebenselixier. Denn im Bewusstsein, dass alles stirbt, genießen wir die Fülle und Schönheit, welche die Erde hervorbringt, umso mehr.

Die Erde verkörpert auch das Prinzip der Hoffnung. Wir können uns voll und ganz darauf verlassen, dass nach jedem Winter ein neuer Frühling kommt. Nach einer langen Trockenzeit wird es irgendwann auch wieder regnen und das vertrocknete Land wird wieder grün.

Und noch etwas ist sehr ermutigend, wenn du die Erde mit all ihren Bewohnern betrachtest: Jede und jeder findet hier seinen Platz. Jede Spezies, jede Kreatur hat ihre ureigenen Qualitäten und passt ganz genau in die Nische, die wie für sie gemacht ist. Auch für dich gibt es den einen Platz, der zu dir mit deinen Eigenschaften und Qualitäten, die so nur in dir zusammenkommen, passt. Ist das nicht eine sehr beruhigende Vorstellung?

»Das fällt auf fruchtbaren Boden.«

Du kennst es bestimmt auch, dass sich manchmal Dinge recht schnell realisieren lassen. Dann nämlich, wenn eine Idee auf »fruchtbaren Boden« fällt. Der Gedanke keimt und wächst zu einem sichtbaren, zarten Pflänzchen heran. Er wächst und gedeiht fast von allein, denn die Zeit ist reif dafür, die Umgebung stimmt und der Boden dafür ist bereitet.

Das Wachsen kann schnell gehen, aber die Vorbereitung des Bodens nimmt einige Zeit in Anspruch. Wenn du selbst einen Garten hast, weißt du, wie wichtig die gute Bodenvorbereitung ist. Ist die Erde aufgelockert und mit gutem Dünger versorgt, die Regenwürmer fühlen sich wohl und die Schnecken bleiben weg, dann kannst du deine Samen in die Erde bringen und ihnen beim Keimen und Wachsen zuschauen.

So ist es auch mit deinen Projekten: Sind die richtigen Menschen beisammen? Bringen sie die notwendigen Erfahrungen mit? Habt ihr das passende Umfeld dafür? Ist der Zeitpunkt stimmig?

Manchmal lohnt es sich, noch eine Weile zu warten, selbst wenn die Idee in deinem Kopf schon sonnenklar ist. Bewahre sie in deinem Schatzkästchen auf, bis alles bereit ist und du sie in die fruchtbare Erde legen kannst. Aber mache dir keinen allzu großen Stress damit, den einzig richtigen Zeitpunkt zu finden. Wenn das Umfeld oder der Zeitpunkt noch nicht da ist, wirst du es schnell merken, weil es schwer vorangeht. Auch das ist dann keine vertane Zeit, denn gescheiterte Projekte sind bester Dünger für neue.

Schöpferkraft und Kreativität

In den vielfältigen Mythen der Schöpfungsgeschichte hat der Schöpfer, Gott, der Große Geist oder wie immer man diese übergeordnete Instanz nennen mag, häufig aus einem Klumpen Lehm alle Kreaturen erschaffen. Die Indianer sprechen davon, dass die »Großmutter« vom Himmel ins Wasser gefallen ist. Eine Schildkröte hat die Knochen aufgesammelt. Die Bisamratte hat vom Meeresboden Lehm heraufgeholt und auf dem Rücken der Schildkröte verteilt. Daraus hat der Schöpfer dann alle weiteren Kreaturen geformt.

Diese bildhafte Geschichte verdeutlicht, dass alles, was auf dieser Erde existiert, aus ihr selbst entstanden ist. Wie unbeschreiblich groß ist die Vielzahl der Vögel, der Fische und der Landbewohner auf diesem Planeten! Sie sind optimal an ihre Umgebung angepasst. Manche sind perfekt getarnt, andere schillernd bunt und auffällig oder sehr geschickt mit ihren Werkzeugen und anderen Mitteln ausgestattet, um jeden noch so kleinen Winkel der Erde zu bevölkern.

Die Erde ist also der Teig, die Masse, die Substanz, aus der alles Leben entsteht. Aus ihrem Leib werden alle Kreaturen geformt.

Dass bei dir persönlich das Element Erde stark ausgeprägt ist, erkennst du daran, dass du sehr kreativ bist und mit deinen Händen leicht wundervolle Kunstwerke oder auch praktische Gegenstände gestalten kannst. Erdmenschen gelingt es sehr schnell, Blumen schön zu arrangieren, Regale zu bauen oder Schmuckstücke zu entwerfen. Ihr Wohnraum ist mit viel Geschmack eingerichtet und sie legen Wert auf zueinanderpassende Kleidungsstücke. Die Schönheit ist für sie ein wichtiger Teil des Lebens.

»In Beauty I Walk – Schönheit umgibt mich, wohin ich auch blicke.«

Eine feste Basis

Die Erde ist der Urgrund allen Seins, unser Grund und Boden. Sie gibt uns Halt. Bist du gut geerdet, dann pustet dich so schnell nichts um.

Der Sturm braust über dich hinweg und hinterher stehst du immer noch fest verwurzelt an deinem Platz. Menschen mit einer guten Erdung bringt so schnell nichts aus der Ruhe. Sie strotzen vor Kraft und strahlen diese auch aus: Hier ist ein sicherer Ort. An solchen Menschen kannst du dich festhalten, wenn es mal turbulent wird.

»Einer Sache auf den Grund gehen«

Wenn wir den Dingen auf den Grund gehen möchten, forschen wir ganz tief danach, was die Ursache für etwas ist. Wo ist die Wurzel dessen, was oberirdisch auf der Bildfläche erscheint? Wir graben so lange, bis wir ganz unten angekommen sind und die Wurzel des Übels gefun-

den haben. Diese Art der Untersuchung erfordert eine gründliche Vorgehensweise. Wenn du deinen Garten gründlich umgraben möchtest, dann entfernst du alle Wurzeln in der Erde.

»Auf dem Boden der Tatsachen ankommen«

Wie wichtig die Erde für deinen Stand ist, merkst du erst richtig, wenn du den Boden unter den Füßen verlierst und ins Bodenlose fällst. Das gilt auch für die umgekehrte Richtung: Wenn du die Bodenhaftung verlierst und abhebst, hast du den Bezug zur Realität verloren und versteigst dich in Träumereien. Dann ist es manchmal ein harter Aufprall, wenn du wieder auf dem »Boden der Tatsachen« ankommst.

Für jeden physischen Körper steckt dahinter die Schwerkraft. Alles auf der Erde, jeder Gegenstand, wird von der Schwerkraft angezogen und festgehalten. Wir sind uns dessen nicht bewusst, weil wir es anders nicht kennen. Durch die Erdanziehungskraft bleibt alles an seinem Ort und taumelt nicht durch die Gegend wie in einem Raumschiff. Alles hat seine Ordnung und seine Struktur. Das verdanken wir der großen Masse der Erde. Sie verleiht uns Stabilität – solange sie nicht bebt!

Bei einem Erdbeben steht kein Stein mehr auf dem anderen und unser Fundament gerät ins Wanken. Alles gerät aus den Fugen und fällt in sich zusammen. Das kommt zum Glück sehr selten vor, aber es zeigt deutlich, wie wichtig ein fester Boden unter den Füßen ist.

Ein Fels in der Brandung

Erde hat den Aggregatzustand »fest«. Sie hat von allen Elementen die höchste Dichte und ist schwer. Wo Erde besonders verdichtet ist, wird sie steinhart und irgendwann tatsächlich zu Steinen, Felsen und Bergen. Wenn du auf einem großen Stein sitzt oder stehst, merkst du besonders deutlich, wie hart das Element Erde sein kann. Es ist aber nicht nur hart, sondern auch fest im Sinne von beständig. Der berühmte Fels in der Brandung trotzt allen Stürmen und Wogen des Lebens. Er bleibt verlässlich an seinem Platz. Im Englischen bedeutet fest *solid*. Wir benutzen im Deutschen das Wort »solide« dafür, dass etwas langlebig und robust ist. Wenn wir von einem grundsoliden Menschen sprechen, ist er gründlich, ehrenhaft und anständig. Eine solide Grundlage ist eine gute Voraussetzung für ein stabiles Unternehmen.

Diese Festigkeit und Unverrückbarkeit verleihen dem Element auch eine ganz wesentliche Eigenschaft: die Ruhe. Hier herrscht anders als bei dem Element Luft oder Wasser ganz wenig bis gar keine Bewegung. Aus dieser Unbeweglichkeit heraus entsteht eine Stille und Ruhe, die zur Besinnung führt und Kraft spendet.

»In der Ruhe liegt die Kraft.«

Die Heimatscholle

Nichts ist uns so vertraut wie das Stück Land, wo wir aufgewachsen sind. Ich erinnere mich noch gut an die Gegend um mein Elternhaus herum. Ich kannte jeden Baum und jeden Graben, jede große Pfütze und jeden Stein. Dieses vertraute Gebiet, das ich wie meine Westentasche kannte, zu verlassen, ist mir schwergefallen. Natürlich ist dies von Mensch zu Mensch unterschiedlich, aber echte Erdmenschen lieben ihre Heimat und fühlen sich mit der Gegend, in der ihre Familie vielleicht schon seit Generationen verwurzelt ist, sehr verbunden. Es entsteht direkt ein heimisches Gefühl, wenn man wieder die altbekannte Landschaft sieht, egal, ob es nun das platte Land oder liebliche Hügel sind: Wir fühlen uns in unserer Heimat zu Hause.

Im Laufe des Lebens habe ich auch woanders Wurzeln geschlagen. Inzwischen habe ich eine neue Heimat, die ich sehr liebe, und dennoch trauere ich gelegentlich den Bäumen und Plätzen meiner Kindheit nach.

Es tut gut, die Gegend um deinen Wohnort gründlich zu erkunden. Es gibt dir ein Gefühl von Vertrautheit, wenn dir jeder Hügel, jeder Bach und jede Hecke vertraut ist. Du freundest dich mit deiner Umgebung an und wann immer du Geborgenheit suchst und sicheren Boden unter den Füßen brauchst, kannst du deine vertrauten Freunde, den Baum, den Aussichtspunkt oder das Flussufer, besuchen und nach Hause kommen.

Körperfreuden genießen

Erde ist unser Körper – und zu unserem Körper gehören auch unsere Sinne. Jede Berührung ist ein Austausch mit der Qualität des Elementes Erde. Die Erde mit all ihren Bewohnern überschüttet uns förmlich mit Sinnesreizen. Wenn du achtsam in der Natur unterwegs bist, entdeckst du überall kleine und große Wunder. Sei es ein Wassertropfen, der in der Sonne glänzt, die Formen und Farben von Blüten oder Schmetterlingen, der Duft nach Kiefernnadeln oder trockenem Gras – all das liebkost deine Sinne und macht dich empfänglich für die überschwängliche Schönheit der Natur. Je mehr du dich ihrer Schönheit öffnest, desto mehr wird sie dich in ihren Bann ziehen. Sie verwöhnt dich mit dem Geruch nach reifen Erdbeeren, dem spektakulären Schauspiel eines Sonnenuntergangs oder dem leisen Plätschern eines Bachs. Lass dich verführen und nimm Platz auf einem weichen Moosbett oder grabe deine Füße in den warmen Sand.

In der Natur kannst du deine Sinnlichkeit wiederentdecken oder auch weiter verfeinern. Wir sind auf dieser Erde mit unserem Körper unterwegs, der dafür ausgestattet ist zu genießen. Das vergessen wir leider oft. Wir füttern und waschen unseren Körper und konzentrieren uns hauptsächlich auf unseren Geist. Unsere Gedanken nehmen weitaus mehr Raum ein als das Wahrnehmen. Erst wenn der Körper Schmerzen hat oder andere Unannehmlichkeiten ans Gehirn meldet, schenken wir ihm Aufmerksamkeit. Die ersten, leichten Impulse, die somatischen Marker, registrieren wir im Eifer des Alltags manchmal gar nicht.

Das Element Erde hilft dir, deinen Körper wieder mehr in Besitz zu nehmen und deine Sinnlichkeit zu entdecken. Mit regelmäßigen achtsamen Ausflügen in die Natur wirst du immer sensibler für die Zeichen deines Körpers werden und rechtzeitig auf seine Signale achten. Der besonders dem Element Erde zugeordnete Sinn ist das Fühlen.

Außerdem verleiht dir das Element Erde mit all seinen Früchten, sensationellen Schauspielen und fantasiereichen Farben und Formen jede Menge sinnlichen Genuss. Die Erde ist wunderschön. Du musst die Schönheit nur sehen.

Die Sternzeichen des Elementes Erde

Stier, Jungfrau, Steinbock

Erde steht für:

- Festigkeit, Geborgenheit, Vertrauen, Fülle, Fruchtbarkeit, Beständigkeit, Stabilität, Schönheit, Kraft, Ruhe, Ordnung, Genuss
- Im Übermaß: Trägheit, Schwere, Völlerei, Sturheit, Starre, Unbeweglichkeit
- Erde stärkt den weiblichen Pol.
- Die Farben der Erde sind Grün und Braun.
- Zugeordneter Sinn: Fühlen und Schmecken

Wobei dir das Element Erde hilft

In unserer schnelllebigen, hektischen Zeit, in der wir uns zumeist nur gelegentlich in unserer Freizeit in einer natürlichen Umgebung aufhalten, fehlt den meisten von uns der erdende Pol.

Wenn du zu viel in Bewegung bist, dann hilft dir das Element Erde anzuhalten und zur Ruhe zu kommen. Bleib einfach mal stehen, erde dich gut, bis du anfängst, Wurzeln zu schlagen. Das gibt dir Halt und Sicherheit. Dein Vertrauen ins Leben wächst und du stärkst deine Resilienz, deine natürliche Widerstandskraft gegenüber den Stürmen des Lebens. Das Element Erde hilft dir, dich zu zentrieren und in deiner Mitte anzukommen. Du stärkst deine innere Mitte und findest die Sicherheit in dir. Mit dem Element Erde sammelst du Kraft für deinen Weg, damit du ihn gestärkt und entschlossen, in aller Ruhe, langsam, Schritt für Schritt gehen kannst:

»Ohne Wurzeln keine Flügel«

Das ist sehr gut beim Keimen einer Eichel zu beobachten. Zuerst schiebt sich der kleine Wurzelspross aus der Hülle und verankert sich fest im Boden. Dadurch können Wasser und Nährstoffe aufgenommen werden und der Keimling wächst, sodass er die Hülle der Eichel abwerfen kann.

Es kann aber auch sein, dass du einen Überschuss am Element Erde hast. Das merkst du daran, dass sich eine lähmende Trägheit breitmacht und du nicht mehr von der Couch hochkommst. Es fehlt dir an Ideen und Begeisterung. Dann tut dir eher eine Portion des Elementes Luft oder Feuer gut. Aber Achtung: Auch ein Burn-out infolge von zu viel Aktivitäten kann sich in Lustlosigkeit und Schwere äußern. Hier ist im ersten Schritt die Stärkung des Elementes Erde sehr angebracht, um alle Überforderung an die Erde abzugeben, alle Schwere abfließen zu lassen, wieder leichter zu werden und in Schwung zu kommen.

Erde steht auch für Festigkeit und Stabilität. Wenn du eher ein Typ bist, der sehr, sehr ungern Veränderungen anstößt und am liebsten an allem festhält, dann brauchst du etwas anderes als Erde. Manchmal zeigt sich das auch an deinem Körper, der eher füllig und steif ist.

Naturritual – Erde

Mit dem Element Erde verbinden wir den Kreislauf von Wachsen und Vergehen. Daher kannst du zwei verschiedene Rituale durchführen. Wenn es dir darum geht, etwas endgültig zu verabschieden, dann kannst du es rituell begraben. Möchtest du aber etwas Neues in deinem Leben zum Wachsen bringen, dann lege den Samen dafür in die Erde.

Rituelles Begraben

Wenn du dich endgültig von etwas trennen möchtest, das dir nicht mehr dient oder dessen Zeit einfach vorbei ist, dann kannst du es begraben. So verschwindet es aus deinem Feld und du gibst es mit Dank für alles Gute an die Erde zurück. Dieses Ritual eignet sich zum Beispiel für zerbrochene Freundschaften, geplatzte Träume und gescheiterte Ideen. Die Schokoladenfirma Zotter hat auf dem großen Gelände, das zum Unternehmen gehört, einen Friedhof für gescheiterte Schokoladenrezepturen angelegt. Ich stelle mir vor, wie das ganze Team, das vielleicht jahrelang an der Entwicklung des Produktes gearbeitet hat, dabei war, als die Idee zu Grabe getragen wurde. Ein würdiger Abschluss, nach dem man befreit weitermachen kann und tatsächlich auch einen Punkt gesetzt hat.

Vor allem, wenn beim Gedanken an den Abschied Trauer oder ein Bedauern mitschwingen, ist dieses Ritual goldrichtig. Es geht darum, bewusst ein Ende zu finden und eine Gelegenheit zu schaffen, alle Gefühle, die damit einhergehen, auszudrücken. Du sagst mit dem Ritual: »Es hat nicht so sein sollen und das ist gut so, auch wenn es schmerzt.«

Du brauchst für das Ritual:

- einen Gegenstand aus der Natur oder Papier und Stift
- eine kleine Schaufel
- Blüten oder einen Halbedelstein

1. Finde einen Gegenstand in der Natur, der sinnbildlich für das steht, das du begraben möchtest. Das kann ein Tannenzapfen, ein Stöckchen, ein Schneckenhaus, Beeren, Moos oder Ähnliches sein. Alternativ kannst du auch ein Wort oder einen Satz auf ein Stück Papier schreiben. Vielleicht gibt es auch einen Gegenstand aus deinem Leben, der direkt mit dem Thema zu tun hat und es verkörpert. (Bitte vergrabe keine Gegenstände aus Plastik oder Metall in der Erde, die nicht verrotten können.)
2. Suche dir einen Platz mit möglichst nicht ganz so fester Erde aus, der ein bisschen geschützt und abseits des Trubels liegt. Dort gräbst du mit einer Schaufel oder einer Hacke ein passendes Loch.
3. Konzentriere dich nun auf das, was du begraben möchtest. Lasse alle Gefühle dazu noch einmal in dir aufsteigen. Vielleicht wollen Tränen fließen. Wenn du ganz in dem Gefühl bist, nimm das von dir gefundene Symbol in die Hände und puste dreimal kräftig hinein. Stelle dir dabei vor, dass die Gefühle, die ganz präsent in dir sind, aus deinem Körper in das Symbol hineinfließen.
4. Lege den Gegenstand in das vorbereitete Grab und spreche dazu:
   »Hiermit gebe ich (meinen Traum von XY, die Beziehung zu XY) an die Erde zurück. Ich danke für alle Erfahrungen, die ich machen durfte. Es ist vorbei.«
5. Bedecke alles mit Erde und fülle das Loch wieder auf. Zum Abschluss kannst du diese Stelle mit Blüten, einem kleinen Naturmandala oder einem besonders hübschen (Halbedel-)Stein schmücken.

Trauer ist ein wichtiges Gefühl, das zum Ausdruck kommen muss. Wenn das nicht zu dem Zeitpunkt geschieht, an dem die Trauer entsteht, dann trägst du sie womöglich noch lange mit dir herum. Du merkst es vielleicht gar nicht, weil du nicht tieftraurig bist, aber die Trauer legt sich wie ein grauer Schleier über deine Lebensfreude. Es kann auch sein, dass dich die Trauer in Wellen erfasst. Deswegen ist es gut, einen Platz zu haben, den du in den nächsten Tagen und Wochen besuchen kannst. Aber sei gewiss, irgendwann ist es vorbei. Die Erde benötigt Zeit, um alles zu zersetzen.

Den Samen legen

Möchtest du ganz bewusst eine neue Idee zum Wachsen bringen? Dann lege den Samen dafür in fruchtbare Erde.

Du brauchst für das Ritual:

- einen kleinen Topf (mit Löchern im Boden) mit Blumenerde gefüllt
- einen Übertopf
- Samen deiner Wahl (Kapuzinerkresse oder Sonnenblumen eignen sich gut)
- etwas Wasser

1. Stelle dir dein Projekt ganz genau vor, male es dir in allen Farben und Details aus. Dazu kannst du entweder eine Meditation machen, deine Gedanken auf Papier fließen lassen oder mit einer Freundin (die nur zuhört und gelegentlich nachfragt) darüber sprechen.
2. Nimm das vorbereitete Töpfchen mit Erde und die Samen zur Hand. Puste deine Idee, das Projekt, deinen Traum, der Wirklichkeit werden wird, dreimal in die Samenkörner und lege sie

dann auf die Erde. Zerkrümele etwas Erde darüber und drücke sie leicht an. Spreche dazu: **»So wie diese Samen wird mein Projekt XY wachsen und gedeihen. Schon bald werde ich die ersten Beweise dafür in meinem Leben sehen.«**

3. Träufele etwas Wasser darüber und halte deine Hände über den Topf. Gib nun deinen Segen dazu, indem du Licht und Liebe aus den Händen darauffließen lässt.
   (Wenn ihr das Ritual mit mehreren macht, können an dieser Stelle auch alle anderen ihren Segen dazugeben.)
4. Stelle den Topf nun in den Übertopf und dann an einen sonnigen Platz. Achte darauf, dass die Erde immer feucht genug ist.

Richte deine Aufmerksamkeit parallel zu dem Keimen und Wachsen der Samen im Topf auf die Zeichen deines Projekts im Außen. Halte weiterhin die Idee in deiner Vorstellung lebendig. Sprich mit anderen darüber, was du dir wünschst und was in dein Leben kommen wird. Notiere jeden kleinen Fortschritt und bleib dran. Auch die Samen brauchen eine Weile, bis aus ihnen blühende Pflanzen werden.

Dieses Ritual eignet sich für den Frühling und Frühsommer (von März bis Ende Juni). Im Winter keimen Samen nicht oder nur schwer und auch die jungen Pflänzchen leiden unter dem Lichtmangel und wollen nicht wachsen.

Daran erkennst du, dass dir das Element Erde fehlt

Ein Mangel am Element Erde kann sich unterschiedlich äußern.

Körperlich

Du sorgst nicht gut für dich, isst zu wenig und unregelmäßig. Du achtest nicht darauf, was dein Körper braucht. Das betrifft deine Nahrung, aber auch die kleinen Pausen im Alltag und kurze Auszeiten in der Natur. Dir fehlt erholsamer Schlaf, sodass du dich den ganzen Tag über unausgeruht fühlst.

Mental

Du befindest dich immer wieder in einem Zustand des Mangels und denkst, dass nicht genug für alle oder dich da ist. Dein Vertrauen ins Leben und dass du immer gut versorgt bist, ist geschwächt. Du machst dir Sorgen um Geld, dass das, was du hast, nicht reicht, oder dass du es nicht für die richtigen Dinge einsetzt. Deine Wohnung, dein Kleiderschrank und dein Kühlschrank platzen aus allen Nähten, weil du aus lauter Angst, zu wenig zu haben, viele Dinge hortest.

Energetisch

Es fehlt dir an Kraft und Ruhe. Du bist unruhig und unstet, fängst vieles an und bringst es nicht zu Ende, weil du dich nicht konzentrieren kannst. Ein bisschen mehr Fokus würde dir guttun. Die Entscheidungen, die du getroffen hast, wirfst du schnell wieder um, weil du dir nicht sicher bist, ob es die richtige Wahl war.

So stärkst du das Element Erde in dir

Übungen in freier Natur helfen dir dabei, dich körperlich mit der Erde und deren sinnlicher Energie zu verbinden.

ÜBUNG 1: Barfuß gehen, mit den Zehen sehen

- Finde einen schmalen Weg im Wald ohne scharfkantigen Splitt. Ideal sind die kleinen Trampelpfade mit weich federndem Waldboden. Angenehm frisch fühlt es sich an, morgens barfuß durch eine taunasse Wiese zu gehen.

- Ziehe die Schuhe und Strümpfe aus und berühre die Erde mit den nackten Füßen. Das wird beim ersten Mal etwas ungewohnt sein, wenn du jeden kleinen Stein oder jedes Stöckchen mit deinen noch sehr empfindlichen Fußsohlen ertastest.
- Setze deine Füße ganz sachte auf, als wolltest du mit ihnen die Erde küssen. Es kommt nicht darauf an, in derselben Geschwindigkeit wie mit Schuhen unterwegs zu sein. Im Gegenteil: Das Barfußlaufen hilft dir, automatisch sehr langsam und achtsam zu gehen.
- Achte darauf, wie unterschiedlich sich der Boden anfühlt. Wie hart ist es auf dem Weg, wie weich im tiefen Laub? Wo fühlt es sich warm an, weil die Sonne den Boden erwärmt hat? Welche Stellen sind kühl und feucht?

Barfußlaufen in der Natur ist ein sehr sinnliches Erlebnis. Aber nicht nur das: Beim Barfußlaufen werden die Füße wie bei einer Fußreflexzonenmassage stimuliert. Außerdem werden die kleinen Muskeln an deinen Füßen gestärkt, die ganz wichtig für deine Haltung und Aufrichtung sind. Deine Füße sind das Fundament für deine Statur.

Die Füße freuen sich, endlich einmal aus den engen, warmen Schuhen herauszukommen. Am Anfang setzt du vorsichtig einen Fuß vor den anderen. Aber schon bald werden sich deine Füße an unebene Bodenbeschaffenheit gewöhnt haben und du hast Lust, die Trampelpfade zu verlassen und querfeldein durch das raschelnde Laub oder die hohe Wiese zu laufen. Im Herbst wird es dir vielleicht sogar schwerfallen, die Strümpfe und Schuhe wieder anzuziehen.

Das Barfußlaufen hat auch noch weitere Vorteile: Der Überschuss an positiven Ionen, mit denen man sich durch den weitverbreiteten Elektrosmog auflädt, kann an die Erde abgegeben werden. Das ist nur möglich, wenn es keine isolierende Schicht durch die Schuhsohlen zwischen deinem Fuß und der Erde gibt.

ÜBUNG 2: Mutter Erde, halte mich

- Lege dich bäuchlings auf die Erde. Das kann in deinem Garten, im Park oder im Wald sein. Du kannst eine Decke unterlegen oder ganz einfach deine Jacke unter den Kopfbereich, wenn du im Wald unterwegs bist. Wichtig ist, dass die Erde nicht durch Steinplatten oder Beton versiegelt ist.
- Spüre, wo dein Körper die Erde berührt. Gib alle Schwere und Anspannung in die Erde ab. Lasse dich tragen. Spüre, wie gut es dir tut, den sicheren Boden unter deinem ganzen Körper zu fühlen.
- Sage dir innerlich: »Mutter Erde, halte mich, halte mich fest in deinem Arm.«
- Stelle dir nun vor, wie du dein Solarplexus-Chakra (das Energiezentrum drei Finger oberhalb des Bauchnabels) wie eine Blume öffnest. Mit jedem Ausatmen öffnest du es ein Stück weiter, sodass alle Anspannung aus deinem Körper hinausfließen kann.
- Bleibe so lange liegen, wie es dir angenehm ist. Du wirst spüren, wie du immer leichter und befreiter wirst und dich mit frischer, vitaler Energie auflädst.

Das Solarplexus-Chakra oder Sonnengeflecht befindet sich genau in der Mitte zwischen deinen Rippenbögen. Durch dieses Chakra stehen wir ständig mit der Außenwelt in Kontakt. Bei Stress oder einem mentalen Schlag in die Magengrube verspannt sich das Solarplexus-Chakra und wird hart. Mit dieser Übung befreist du dein Zentrum von negativen Energien und machst es wieder weich und durchlässig.

Die Erde nimmt unsere negative Energie gerne auf und verwandelt sie. Sie ist wie Dünger.

Auch ohne die Arbeit mit dem Solarplexus-Chakra gibt dir diese Übung Halt und Geborgenheit.

ÜBUNG 3: Baum-Meditation

- Suche dir einen Baum abseits der Wege, wo du ungestört eine Weile sein kannst. Ideal ist ein großer, kräftiger Baum, an dessen Fuß du dich gut setzen kannst. Manche Bäume bieten dir einen Platz wie einen Sessel an mit einem weichen Polster aus Laub und kleinen Lehnen aus ihren Wurzeln. Oft ist an dieser Stelle der Stamm des Baumes etwas abgeflacht, sodass du dich auch dort bequem anlehnen kannst.
- Setze (oder stelle) dich mit dem Rücken an den Baum. Nimm zunächst mit geöffneten Augen Kontakt mit deiner Umgebung auf, sodass du später auch mit geschlossenen Augen die Geräusche zuordnen kannst. Wo stehen andere Bäume? Was raschelt da am Boden? Wie weit ist der Weg mit möglicherweise anderen Spaziergängern weg?
- Wenn du dich mit der Umgebung vertraut gemacht hast, schließe die Augen und konzentriere dich ganz auf deinen Atem. Atme tief ein und lasse deinen Ausatem durch deinen Steiß – oder deine Füße, wenn du stehst – fließen. Stelle dir dabei vor, wie sich kleine Wurzeln bilden, die entlang der Wurzeln des Baumes tief in das Erdreich hineinwachsen. Beim Einatmen nimmst du die Energie der Erde in dich auf. Mit dem nächsten Ausatem lässt du deine Wurzeln noch tiefer wachsen. Wiederhole diese Atmung fünf- bis zehnmal.
- Lasse deinen Ausatem weiter tief in die Erde fließen und konzentriere dich jetzt auf dein Einatmen. Stelle dir vor, wie dein Einatem am Stamm des Baumes entlang hochfährt. Der Ausatem geht weiterhin den Stamm hinab und weiter bis zu den Wurzeln. Ziehe den nächsten Einatem noch weiter hoch, bis du nach einigen tiefen Atemzügen in der Baumkrone angekommen bist. Wiederhole auch diese nach oben gerichtete Atmung zehnmal.

- Du wirst merken, dass dein Atem immer ruhiger und tiefer wird und du vollkommen entspannt bist. Der Baum in deinem Rücken ist dabei wie eine große Verlängerung deines Körpers. Nach und nach verbindest du dich automatisch mit dem Baum. Du spürst seine ruhige, klare Präsenz. Er ist einfach da, seit vielen Hundert Jahren, genau an diesem Platz. Mit einem starken Stamm, kräftigen Wurzeln und einer mächtigen Krone, die hoch in den Himmel hineinragt. Und du darfst von dieser Kraft und Ruhe partizipieren. Über deinen Atem nimmst du sie in deinen Körper auf.
- Wenn du genug Kraft getankt hast, öffne deine Augen und schaue dich langsam um. Wie siehst du die Welt jetzt? Hat sich etwas verändert? Bevor du gehst, bedanke dich bei dem Baum für alles, was er dir geschenkt hat.

Wenn du die Baum-Meditation öfter wiederholst, vielleicht sogar mit demselben Baum, wirst du immer mehr Kontakt mit dem Baumwesen aufnehmen. Vielleicht kommen dann auch Botschaften zu dir. Kleine, feine Sätze oder Worte. Bäume sind ruhige Gesellen und plappern nicht wie ein Wasserfall. Manchmal winken sie dir mit ihren Zweigen sachte zu, lassen im Herbst einen Blätterregen herunter oder überschütten dich mit ihren Früchten.

Achte bitte auf deine eigene Sicherheit und schaue vor der Meditation nach oben, ob in der Baumkrone nicht etwa ein abgestorbener Ast hängt, der dich beim Herabfallen treffen könnte. Bei starkem Wind solltest du keine Baum-Meditation machen.

Was du noch tun kannst, um dich mit der Erde zu verbinden

- **Im Garten arbeiten, Blumen umtopfen**
  Nimm einmal die Erde wirklich in die Hand und zerkrümele sie zwischen deinen Fingern. Sei dir währenddessen gewahr, was für einen Schatz du in den Händen hältst.
- **Werde mit deinen Händen kreativ**
  Am besten gestaltest du etwas aus Naturmaterialien passend zur Jahreszeit, zum Beispiel für deinen kleinen Altar. Aber auch jede andere Form der Kreativität, bei der etwas Handfestes, Schönes entsteht, ist geeignet.
- **Baum-Yoga**
  Im Yoga gibt es die Haltungen »Baum« und »Berg«. Bei der Berg-Haltung stehst du hüftbreit, die Füße sind parallel und das Gewicht gleichmäßig zwischen Zehen und Ferse verteilt. Ziehe die Bauchmuskeln sanft nach innen, die Knie sind leicht gebeugt. Die Schultern ziehen nach hinten unten. Der Kopf ist aufgerichtet, dein Gesicht ist entspannt und die Augen sind geschlossen. Die Arme liegen seitlich am Körper. Diese einfache Haltung gibt dir Kraft, Ruhe und Beständigkeit. Für die Baum-Haltung verlagerst du aus der Berg-Haltung dein Körpergewicht auf ein Bein. Hebe das andere Bein an und setze deine Fußsohle mit den Zehen nach unten gegen den Oberschenkel des Standbeins. Diese Übungen kannst du auch draußen im Wald machen.
- **Augenblicke mit Blumen**
  Nimm dir etwas Zeit und betrachte mit Muße eine Blüte. Sei dabei absichtslos und versuche nicht, etwas zu analysieren, sondern lasse sie auf dich wirken. Sinke verträumt in sie hinein und bemerke jedes noch so feine Detail Schließe die Augen und rieche daran. Berühre mit deinen Fingerspitzen vorsichtig die samtigen Blütenblätter.

- **Massagen**
  Lasse dich massieren oder massiere jemand anderen. Genieße dabei jede Berührung und spüre deinen Körper mit jedem Zentimeter berührter Haut. Du kommst garantiert raus aus dem Kopf und mehr in deinem Körper an.

Affirmationen:

»Ich bin gehalten und getragen.

Ich ruhe in mir.

Ich bin voller Vertrauen ins Leben.«

Kraftorte – Erde

In unserer umtriebigen, kopflastigen Welt tut den meisten Menschen etwas mehr Erdung sehr gut.

Dich mit der Erde zu verbinden, ist wirklich einfach, denn du gehst und stehst den ganzen Tag auf ihr. Du kannst dir also bei jedem Schritt bewusst machen, dass deine Füße gerade die Erde berühren. Stelle die Verbindung ganz bewusst her, indem du einen Moment innehältst und deine Aufmerksamkeit in deine Fußsohlen lenkst. Lasse dort beim Ausatmen kleine Wurzeln wachsen, die sich tief in der Erde verankern.

Im Wald

Im Wald findest du eine große Dichte von hohen Bäumen, die ihre Wurzeln tief ins Erdreich hineingegraben haben. Wo könntest du dich besser mit dem Element Erde verbinden als in einem Wald? Jeder Baum mit seinem kraftvollen Stamm und seiner mächtigen Krone gibt dir Halt und sorgt für eine gute Erdung. Im Wald stehen unzählige Bäume nebeneinander, und zwar genau an der Stelle, wo sie wachsen wollen. Sie verbinden sich über das Myzel von Pilzen in der Erde und tauschen so Informationen aus. »Was oben in den Wipfeln rauscht, das wird hier unten ausgetauscht«, heißt es in dem Gedicht »Die zwei Wurzeln« von Christian Morgenstern.

In einem Teelöffel guter Walderde sind so viele Mikroorganismen, wie es Menschen auf der Erde gibt. Und sie sind alle miteinander vergesellschaftet, also nicht isoliert voneinander zu betrachten.

Über dem Waldboden geht es ähnlich intensiv weiter: Moose, Farne, Gräser, Sträucher, junge Bäume und Tausende von Keimlingen bevölkern den Waldboden auf unterschiedlichen Höhen. In der Luft schwirrt es von Mücken, Fliegen und Vögeln aller Art, vom Zaunkönig bis zum Habicht. Sie zwitschern und singen fast das ganze Jahr über, fliegen von einem Ast zum anderen und beleben den Luftraum. Auf dem Boden krabbelt allerlei Getier und die Spinnen schwingen sich von Ast zu Ast. Mäuschen huschen durch das Laub zu ihrem Loch, Eichhörnchen turnen die Stämme entlang, Rehe grasen friedlich auf der Lichtung und die Wildschweine beackern den Boden. Sie alle hinterlassen ihre Spuren, sichtbar und unsichtbar.

Wenn ich in den Wald eintauche, spüre ich diese Frische und Lebendigkeit, die all diese Lebewesen erzeugen und miteinander verbindet. Es herrscht ein dichtes Netz von guter Energie, in das ich mit meiner von Elektrosmog, Stress, Krach und Negativität zerzausten Aura eintrete. Schon nach wenigen Hundert Metern fühle ich mich wie ausgebürstet, frischer, klarer.

Im Wald holst du dir automatisch eine volle Ladung Vitalität ab. Ängste und Sorgen lösen sich auf, denn im Wald ist alles so, wie es sein soll. Daran kannst auch du dich orientieren. Du triffst auf ein mit den Jahreszeiten wechselndes Umfeld, das dir zeigt, dass nach jedem Winter ein neuer Frühling kommt. Je vertrauter dir der Wald ist, desto mehr fühlst du dich zu Hause.

Eine sterbende Fichtenschonung ist natürlich nicht gut geeignet, um dir Kraft zu spenden. Auch die in Reih und Glied stehenden Neuanpflanzungen sind nicht ideal. Am kraftvollsten ist ein natürlich gewachsener Mischwald mit verschiedenen Baumarten und sowohl jungen als auch uralten Exemplaren.

Am Baum

Wenn der nächste Wald zu weit weg ist und du dich regelmäßig erden möchtest, suche dir einen Baum in deiner Nähe, zu dem du gehst. Mit der Zeit wirst du es immer mehr so empfinden, dass du einen Freund besuchst. Stelle dich mit deinen Füßen auf seine Wurzeln und halte eine Hand an den Stamm. So kannst du mit dem Baum »telefonieren«. Vielleicht hat er eine Botschaft für dich. Aber auch, wenn du nichts wahrnimmst, wird dein Energiesystem gereinigt und die Auswirkungen der elektromagnetischen Wellen durch zum Beispiel Bildschirmarbeit oder Mobilfunkantennen werden neutralisiert.

Dafür eignet sich jede Position, die für dich und den Baum passend ist. Du kannst dich mit dem Rücken an seinen starken Stamm lehnen, ihn umarmen oder dich an seine Wurzeln setzen.

Je größer und älter der Baum ist, desto stärker ist sein Kraftfeld. Grundsätzlich eignet sich jede Baumart. In der Stadt oder in Parks finden wir häufig Ahorn, Platanen, Kastanien oder Linden. Spüre einmal, ob sie sich für dich unterschiedlich anfühlen. Vielleicht entwickelt sich auch eine Lieblingsart, zu der du dich immer hingezogen fühlst?

Du kannst deinen Baum für dich zu einem immer stärkeren Kraftort machen, indem du ihn häufig besuchst und mit ihm kommunizierst. Wenn du Geschenke mitbringst und sie mit deiner Liebe aufgeladen am Baum niederlegst, baust du ein spirituelles Kraftfeld auf. Manchmal haben Bäume kleine Kuhlen oder Flächen, die sich dafür anbieten. Als Geschenk kannst du eine Prise Tabak, frische Blüten, Haferflocken, Nüsse oder Sonnenblumenkerne verwenden. Die Naturwesen und auch die kleinen Tiere des Waldes freuen sich über deine Gaben. Achte einmal darauf, ob sich etwas für dich verändert. Vielleicht bemerkst du, wie der Baum dir zuwinkt, wenn du dich näherst, oder die Vögel immer zutraulicher werden.

Oft stehen große Solitärbäume an einem natürlichen Kraftort. Große, alte **Eichen** zum Beispiel stehen oft an Kreuzungspunkten von Kraftlinien. Eichen haben eine tiefe Pfahlwurzel, mit der sie sich gut verankern. Um diese jahrhundertealten Eichen wurden früher schon Feste gefeiert. Deswegen haben sie oft im Volksgebrauch den Beinamen »Biereiche«. Auch wenn ein Ort beispielsweise Bierdorf heißt, zeugt es davon, dass in der Nähe eine uralte Eiche steht oder stand.

Dort trafen sich die Männer an einem Tisch um den Stamm und tranken von den Frauen gebrautes »Bilsenbier«, das heutige Pils, dem während des Brauvorgangs das Rausch erzeugende Bilsenkraut beigesetzt wurde, sodass die Männer mehr und mehr in einen Rauschzustand kamen. Anders als heute mussten die Männer, um an diesem »Stammtisch« teilnehmen zu dürfen, eine Reifeprüfung abgelegt haben, denn sie sollten gefestigt sein, wenn sie durch den Rausch die Anderswelt betraten.

Aber auch ohne dieses Ritual sind große, alte Eichen mit ihrem meterdicken Stamm und ihren knorrigen, dicken Ästen sehr kraftvoll. Manche sind sogar unten hohl und du kannst sie betreten.

Auch **Linden** können sehr alt werden und ihre Standorte wurden früher als Versammlungsplätze besucht. An der Dorflinde traf man sich gerne am Abend zum Singen und Tanzen, vor allem im Juni, wenn die Linden blühen und ihr süßer Duft den ganzen Platz erfüllt. Auch heute noch gibt es in vielen Orten Gaststätten mit der Bezeichnung »Zur Linde«. Linden werden oft als Alleebäume gepflanzt oder im Zentrum des Dorfes. Außerhalb des Ortes wurde unter einer Linde auch Gericht gehalten und das Urteil mitunter direkt dort vollstreckt.

Man kann nur hoffen, dass die sanften Linden das Gericht milde gestimmt haben.

Zwischen Steinen und Felsen

Große Gesteinsbrocken, zusammengepresstes Sediment, abgeschliffen auf der Reise im Gletscher, vorangeschoben von Eismassen und Wasserfluten. Da liegen sie nun zwischen Bäumen und Bächen, vielleicht von Moos bewachsen, tief zerfurcht und abgerundet. Solche Findlinge, als einzelne Steine oder in größeren Ansammlungen, sind perfekt, um dich mit der Festigkeit des Elementes Erde zu umgeben.

In schamanischen Erzählungen sind die Steine die »Großväter«, die als Erstes auf die Erde gekommen sind und noch immer da sind. Bei einer Schwitzhütte werden Natursteine auf dem Feuer bis zur Glut erhitzt und dann in eine mit vielen Decken dicht abgehängte, niedrige Hütte gebracht, um sie mit ihrer Wärme aufzuheizen. Beim Begießen mit Wasser zerspringen sie manchmal. Vor dem Schwitzhüttenritual werden deswegen die Steine ganz besonders geehrt, weil sie sich für diese Zeremonie zur Verfügung stellen und dabei womöglich ihr Leben lassen. Jeder einzelne »Großvater« wird beim Hineintragen in die Hütte mit Gebeten empfangen.

Einen Teil dieser Ehrung kannst du dem Steinbrocken, den du dir als Kraftort ausgesucht hast, auch zuteilwerden lassen, indem du dich an sein Alter erinnerst. Er ist im wahrsten Sinne des Wortes steinalt. Das ist zugleich das Geschenk, das dir die Steine machen: Sie schenken dir Kontinuität und Beständigkeit. Es sind Meilensteine in deinem Leben, an denen du dich orientieren kannst.

Setze dich also an oder auf einen Stein, bringe eine Gabe in Form von Tabak oder Sonnenblumenkernen mit und spüre die Härte des Steines und damit auch seine Festigkeit. Er gibt dir ein Fundament. Verbinde dich mit der unendlichen Ruhe und Gelassenheit des »Großvaters«, der schon ganze Eiszeiten überstanden hat und immer noch da ist.

Vielleicht möchtest du dich auch ausruhen und legst dich auf eine flache Felsplatte oder in eine ausgewaschene Kuhle hinein, manche laden wirklich dazu ein. Du wirst merken, dass Hektik und Ungeduld verschwinden. Ein Stein hat keine Eile. In langsamen, getragenen Worten dringt zu dir durch:

»Zeit spielt keine Rolle.«

In der Höhle

In manchen Gegenden gibt es besonders viele Höhlen, die dadurch entstanden sind, dass Wasser das Erdreich ausgespült hat. Es gibt Höhlen in allen Größen und Formen, mit kleinen Eingängen und riesigen Hallen, schmalen Gängen und hohen, großen Innenräumen. Diese Höhlen haben unseren Vorfahren vor 40 000 Jahren schon als Zufluchtsort gedient, ebenso wie manchen Bären und kleineren Tieren. Sie bieten Schutz vor Wind und Regen, und sie erlauben auch bei schlechtem Wetter, ein Feuer darin zu entzünden. Stelle dir einmal vor, wie gemütlich es in einer Höhle sein kann, wenn ein wärmendes Feuer flackert, das seine Schatten an die Wände wirft, du auf einem weichen Fell liegst und den Geschichten der Ältesten lauschst!

In dem Film *Ronja Räubertochter* ziehen die beiden Kinder für einen ganzen Sommer in die Bärenhöhle und machen es sich darin und auf dem Felsvorsprung gemütlich. Ein Kindertraum, der eng mit dem Leben der Menschen nach der Eiszeit verbunden ist, das offensichtlich immer noch in unseren Zellerinnerungen abgespeichert ist. Auch heute noch bauen Kinder aus Decken und Stühlen oder Kartons heimelige Höhlen, in denen es dunkel und eng ist und die als perfektes Versteck dienen.

Auch als Erwachsene*r spürst du, wenn du dich etwas länger in einer Höhle aufhältst und nicht nur kurz deinen Kopf hineinsteckst, dass du von der Bildoberfläche verschwunden bist. Du bist untergetaucht, hast dich verkrochen und bist an einem sicheren Ort, auch wenn draußen das Leben tobt. In der Höhle herrscht Ruhe und du bist allein oder von deinen Lieben umgeben.

Eremiten haben sich oft eine Höhle als Rückzugsort ausgesucht, zum Schutz vor Witterungseinflüssen, aber auch, weil in einer Höhle förmlich das Nichts ist: kein Himmel, kein Wasser, kein Vogel, keine Blume, kein Wind, kein Licht. Nichts außer dem Stein, der dich trägt und umhüllt. Das ist der ideale Ort zum Meditieren, weil du von nichts abgelenkt wirst und dir selbst sehr nahe kommst.

Besuche bei einem deiner Natur-Retreats eine Höhle (zum Beispiel auf der Schwäbischen Alb oder in der Fränkischen Schweiz), um dieses Gefühl zu erforschen, wie es ist, wenn du dich ganz im Bauch von Mutter Erde befindest. Ich erinnere mich noch gut daran, wie wir in der Fränkischen Schweiz im Rahmen eines Rituals in eine große Höhle mitten im Wald gingen. Als alle ihren Platz gefunden hatten, wurden sämtliche Lichter gelöscht. Die Trommelschläge waren wie das Herz der Mutter Erde. Dann haben wir uns ganz intensiv mit unserer großen Mutter verbunden, die immer für uns da ist, die uns bedingungslos liebt und uns mit ihrer Fülle reich beschenkt. Als wir durch den schmalen Ausgang wieder ans Licht kamen, war dies wie eine Geburt, und der Ausdruck »Wir sind alle Kinder der Mutter Erde« bekam eine spürbare Bedeutung.

Wenn es dir in einer Höhle zu eng ist, suche dir eine Halbhöhle, einen Felsvorsprung, bei dem du unter dem Steinüberhang sitzen kannst.

Es lohnt sich auf jeden Fall, dich in deiner Gegend auf die Suche nach Höhlen zu machen und ganz bewusst auszuprobieren, wie es dir geht, wenn du mehr oder minder dicht und vollständig von dem Element Erde umgeben bist.

Zugehörige Pflanzen

Auch Pflanzen verkörpern die vier Elemente; die Kraft dieser Bäume und Kräuter vermittelt die Fruchtbarkeit, Stabilität und Konzentration des Elementes Erde.

Bäume

Eiche – Kraft

Eichen haben besonders ausgeprägte Pfahlwurzeln. Sie stehen also in tiefer Verbindung mit dem Erdreich. Sie wachsen zu mächtigen Solitärbäumen, die viele Hundert Jahre alt werden können. Es gibt ein Verzeichnis (monumentale-eichen.de), in dem viele alte Eichen kartografiert sind.

Mächtig, in sich ruhend und stark stehen die Eichen da. Sie strahlen mit ihren starken, ausladenden Ästen gebieterische Macht und selbstbewusste Präsenz aus. Die Eiche ist der kraftvollste Baum Europas. Sie ist die Königin des Waldes mit einer majestätischen Krone.

Die Eiche ist Sinnbild für Kraft, Sieg und Sicherheit. Die Kelten verehrten die Eichen als Baumheiligtümer. Erst als die Missionare massenhaft die Eichen im ganzen Land fällten, konnten sie sich gegen die wehrhaften und unbelehrbaren Heiden durchsetzen. Auch heute noch ist die Eiche der Baum der Deutschen.

Die Eiche gibt großzügig: Sie liefert eine Fülle von Eicheln im Herbst, ernährt Hunderte von Spinnen- und Insektenarten ebenso wie Eichhörnchen und Wildschweine.

Apfelbaum – Fülle und Schönheit

Ein Apfelbaum steht für die Fülle: Im Frühjahr erstrahlt er in üppiger Pracht mit großen, weißrosa, himmlisch duftenden Blüten. Im Herbst beschenkt er uns mit einem Überschwang an runden, leckeren Äpfeln, die er uns vor die Füße wirft. Der Duft von Apfelkuchen weckt sofort ein Gefühl von Geborgenheit und Vertrauen. Eine reiche Apfelernte bringt uns gut durch den Winter.

Nicht von ungefähr hat Martin Luther den Apfelbaum für seinen viel zitierten Satz verwendet. »Und wenn ich wüsste, dass morgen die Welt unterginge, würde ich heute noch ein Apfelbäumchen pflanzen.«

Der Apfelbaum strahlt mit seinen zarten Blüten und rotbackigen Früchten Weiblichkeit aus. In Märchen wie von Schneewittchen oder in der Bibel wird der Apfel als Zeichen der Verführung verwendet. Im Apfelbaum finden wir die vollkommene Schönheit wieder.

Der Apfel gilt als Symbol der Fruchtbarkeit und des ewigen Lebens. Bei der Geburt eines Kindes pflanzte man früher einen Apfelbaum als Lebens- oder Geburtsbaum. Wenn das Kind erwachsen war, konnten die ersten Früchte geerntet werden und es war versorgt.

In Form des Reichsapfels wurde der Apfel den Herrschern als Teil der Krönungsinsignien feierlich überreicht – ein Zeichen für die Herrschaft über die Fruchtbarkeit.

Kräuter

Beinwell – Stabilität

Beinwell ist eine Pflanze mit einer besonders dicken und fleischigen Wurzel, die heilkräftige Wirkstoffe für das Zusammenwachsen von Knochenbrüchen enthält. Das besagt auch schon der Name, denn unter (Ge-)Beinen verstand man früher Knochen, und für die ist diese Pflanze gut (englisch *well*). Man gräbt dazu die Wurzel aus, reibt sie, noch frisch, fein auf einer Reibe und legt die breiige Masse direkt auf die betroffene Stelle. Mit einer Binde fixiert, bleibt der Verband über Nacht und härtet etwas aus. Dadurch verleiht er dem Bruch eine gewisse Stabilität. Wesentlich ist, dass die entzündungshemmenden und Knochenhaut bildenden Substanzen so direkt durch die Haut an die verwundete Stelle gelangen.

Zur Unterstützung bei Knochenbrüchen, Prellungen und Verstauchungen helfen auch heute noch Salben, die aus der Beinwellwurzel hergestellt werden. Auch bei einem gebrochenen kleinen Zeh, was gar nicht so selten vorkommt und nicht geschient werden kann, ist eine Beinwellauflage sehr hilfreich.

Beinwell verleiht also Stabilität und Festigkeit. Die Pflanze selbst erscheint mit ihren großen, piksig behaarten Blättern sehr robust.

Baldrian – Ruhe

Baldrian beruhigt die Nerven. Egal, ob es um Prüfungen oder Zahnarztbesuche geht, ein paar Tropfen Baldriantinktur helfen, die Ruhe zu bewahren.

Die beruhigende Wirkung beruht auf der Fokussierung und der Stärkung der Konzentrationskraft. Baldrian macht also in keiner Weise müde, sondern, im Gegenteil, sehr konzentriert. Dass einem dadurch auch nicht so viele Gedanken durch den Kopf schwirren, die das Einschlafen verhindern, ist eine wunderbare Begleiterscheinung.

Baldrian ist das Kraut der Goldschmiede, die eine ruhige Hand und gutes Augenlicht brauchen. Beides unterstützt der Baldrian.

Die zweijährige Pflanze wächst gerne am Übergang von Wald zu Wiese in eher feuchten Gebieten, also zum Beispiel in Regenwasser sammelnden Furchen an Straßenrändern. Die Blüten sind strahlend weiß mit einem leichten Rosaton. Sie duften eigenartig süßlich. Die Stängel werden bis zu 1,80 Meter hoch und wachsen kerzengerade in den Himmel. Die wenig beblätterten Seitentriebe geben der Pflanze eine große Balance und Ausgleich. Der wirkkräftige Pflanzenteil aber ist die Wurzel. Viele feine Wurzeln, die einem Punkt entspringen, halten die hohe Pflanze stabil in der Erde fest und geben ihr die Kraft für die Aufrichtung. In dem Wurzelschopf der einjährigen Pflanze steckt noch die ganze Energie, die im zweiten Jahr für die Entwicklung des Triebes und der Blüten gebraucht wird. Deswegen wird für das Ansetzen einer Baldriantinktur die Wurzel der einjährigen Pflanze verwendet. Erst beim Trocknen entwickelt sich der typische Baldriangeruch, der Kater verrückt macht.

Die Anmutung der gesamten Pflanze mit ihrer kräftigen Wurzel, der hohen Aufrichtung und der strahlend weißen Blütenkrone ist wie ein in der Meditation sitzender Erleuchteter.

Suchst du also tiefe Ruhe in höchster Konzentration, ist Baldrian, möglichst als Urtinktur, genau die richtige Medizin für dich.

Naturwesen – Erde

Halte Ausschau nach den Geistern der Erde, die sich in den Gesichtern knorriger Bäume zeigen und in Gestalt uralter Felsformationen.

Baumgeister

Jeder Baum ist wie jede Pflanze beseelt. Allerdings befindet sich die Seele nicht als Einzelseele wie bei uns Menschen in einem Baumkörper und stirbt, wenn der Baum gefällt wird, sondern sie ist Teil einer Gruppenseele, die in ihrer Gesamtheit unsterblich ist.

Manche Bäume werden aber zusätzlich von einem Baumgeist bewohnt, der für die Lebensdauer des Baumes dort sein Zuhause hat. Diese Baumgeister sind sehr friedliebende und gemütliche Gesellen. Es macht mir große Freude, auf meinem Weg durch den Wald Ausschau danach zu halten, ob sich mir ein Baumgeist zeigt. Das geschieht nicht dadurch, dass ein Geistwesen über den Weg huscht, sondern du schaust dir die Bäume mit all ihren wunderlichen Verwachsungen mit einem weichen und nicht analytischen Blick an. Dann wirst du so manch lustiges Gesicht entdecken, mit aufgerissenem Mund, dicker Nase und schiefen Augen. Vielleicht ganz klein und winzig, ein anderes riesengroß. Und nach einer Weile des Übens bist du plötzlich umgeben von wundersamen Baumgeistern, die dich von überallher anschauen.

Früher wurden Baumgeister verehrt und man hat ihnen Speisen, Milch und Blumen dargeboten. Jedes Haus hatte einen Schutzbaum vor dem Haus oder im Hof, in dem (hoffentlich) ein Baumgeist wohnte, der auf Haus und Familie aufpasste.

Heute gibt es leider sehr viele Häuser ohne den schützenden Baum. Sie kommen mir nackt und schutzlos vor.

Steintrolle

So ähnlich wie mit den Baumgeistern verhält es sich auch mit den Steintrollen. Es gibt kleine Steine mit Gesichtern und ganz große Felsformationen, in denen du beeindruckende Antlitze erkennen kannst: zackige Nasen, steil hervortretende Augenbrauen, Höhlen wie Münder und Augen. Manche sind besonders hübsch mit einer Haarpracht aus herunterhängendem Efeu geschmückt oder tragen einen Baum als Hut auf dem Kopf. Lass deiner Fantasie freien Lauf und entdecke so die Wesen der Anderswelt direkt vor deinen Augen.

Meistens finden sich Steintrolle auch an besonderen Kraftorten, zum Beispiel an einer Quelle, in einer Höhle oder am Eingang eines Tals, die sie bewachen. Wenn ich einen Steintroll entdecke, zolle ich ihm immer Respekt und grüße freundlich.
Als Herrscher einer ganzen Gebirgskette sind die besonders herausragenden Königsberge sehr beeindruckend.
Trolle sind berüchtigt dafür, Felsbrocken den Berg herunterzuschleudern. Das kommt selten vor, aber dennoch sollte man sich mit den Trollen gut stellen, ihnen nicht auf der Nase herumtanzen und auf den Wecker gehen.
Eine berühmte Felsformation ist die Trollzunge in Norwegen, die als zehn Meter langer, flacher Fels horizontal aus dem Gebirge ragt.
In die Black Stones in South Dakota, USA, wurden die übergroßen Gesichter von vier US-Präsidenten gemeißelt. Der ursprüngliche Name dieses Gebirgszuges war »Six Grandfathers«, der ihm von dem Indianerstamm der Sioux verliehen wurde. Ganz offensichtlich waren es mächtige Großväter, deren Kraft von den neuen Siedlern mit ihren menschlichen Präsidentengesichtern überschrieben wurde.

Elementargeister der Erde

Zwerge gehören zum kleinen Volk überhaupt. Sie leben in und auf der Erde und tragen dort einen wesentlichen Beitrag zur Fruchtbarkeit bei. Sie werden häufig als kleine, runde Gestalten mit Zipfelmütze und Spaten dargestellt. Ihre Wohnstätten sind in Höhlen, zwischen Wurzeln, im Dickicht zwischen Bäumen und Sträuchern, in Bergen oder Felsen. Ihre Aufgabe ist es unter anderem, die Schätze der Erde in den Edelsteinminen zu behüten. Sie haben magische Kräfte und sind jederzeit zu einem Schabernack aufgelegt. So lieben sie es zum Beispiel, Dinge verschwinden und wieder auftauchen zu lassen. Zwerge lieben es, derb zu feiern und große Gelage abzuhalten. Zu den Zwergenvölkern gehören Gruppen, die dem Menschen wohlgesinnt sind und hilfreich zur Seite stehen wie die berühmten Heinzelmännchen. Diese lichten Zwergenvölker sind freundlich, ordentlich und zuverlässig. Ebenso gibt es dunkle Zwergenvölker, die gierig, geizig, gehässig und gemein sind und dem Menschen durchaus gefährlich werden können.

DAS ELEMENT LUFT – LUFT WEHT

Mein Blick schweift weit über die Landschaft. Über mir wölbt sich ein gigantischer Himmel mit Tupfen von weißen Wolken, die ständig ihre Form verändern. Von Ferne kommt eine Windbö herangerauscht, die wie eine liebevolle Hand durch die Baumkronen fährt, bevor sie bei mir ankommt. Ich spüre den Wind sacht auf meiner Haut und in meinen Haaren. Ich atme ein, ich atme aus. Ich bin mit allem verbunden und zugleich frei.

Qualität des Elementes Luft

Unser Leben beginnt mit dem ersten Atemzug und endet mit dem letzten, wenn wir unser Leben aushauchen. Es ist, als hätte uns bei der Geburt jemand diesen Atem eingehaucht und fortan »atmet es dich«. Wir können wochenlang überleben, ohne zu essen, tagelang ohne Wasser, aber nur wenige Minuten lang ohne Luft. Versuche mal, den Atem anzuhalten. Eine Weile wird das gelingen, aber dann atmest du reflexartig wieder ein. Im Normalfall fließt der Atem also automatisch und frei. Nur wenn etwas Schockierendes geschieht oder du dich empörst, dann »schnappst du nach Luft« oder dir »stockt der Atem«. Bei besonders intensiven Ereignissen »hält sogar die Welt den Atem an«.

Frische Luft wird zu einem kostbaren Gut, wenn du sie nicht hast: bei Smog in den Städten, in geschlossenen oder klimatisierten Räumen. Wie wohltuend ist es dann, wenn du das Fenster öffnest und eine leichte Brise hereinkommt!

Für Lungenkranke ist salzhaltige Seeluft oder die staubfreie Luft in den Bergen eine Wohltat. Für Tuberkulosekranke waren Aufenthalte in Luftkurorten oft ein wichtiges Heilmittel.

Luft ist also lebensnotwendig und besonders gute, frische, saubere Luft ist erwiesenermaßen gesundheitsförderlich. Das vergessen wir leicht, da wir ja auch in Städten, Kaufhäusern und Bürogebäuden genug Luft zum Atmen haben, aber oft eben keine mit guter Energie angereicherte, sondern verbrauchte Luft mit Feinstaub und giftigen Gasen.

Unser Atem ist ein sehr mächtiges Instrument. Du kannst ihn in alle Körperteile lenken und dort Verspannungen auflösen. Eine tiefe

Bauchatmung ist sehr zentrierend, mit einem schnellen, tiefen Atem kannst du dich energetisieren bis hin zu einer Trance – wie mit dem holotropen Atmen, einem schnellen Ein- und Ausatmen über einen längeren Zeitraum (bitte nur in erfahrener Begleitung ausprobieren). Du kannst mit gezielten Atemübungen deine Konzentration fördern, dich reinigen, energetisieren oder beruhigen. In der Yogaphilosophie spricht man von Prana als Lebensenergie, die wir durch Atemübungen in uns aufnehmen können.

»Ich atme ein. Ich atme aus. Ich bin.«

Luft ist also der Träger einer kosmischen Energie, die alles durchdringt. Wenn du gut damit versorgt bist, kannst du alles schaffen – oder eben nicht, wenn du außer Atem kommst und dir sprichwörtlich »die Puste ausgeht«.

In schamanischen Traditionen wird der Atem genutzt, um einem Gegenstand deine Energie mitzugeben. Dahinter liegt die Vorstellung, dass du die Luft tief in deine Lunge einsaugst, die in unmittelbarer Nähe deines Herzens liegt. Die Gefühle aus deinem Brustkorb gibst du beim Ausatmen der Luft mit und kannst sie einem Gegenstand als Träger der Energie einhauchen.

Wenn ich in die Natur gehe, halte ich zu Beginn meines Weges an einer dafür geeigneten Stelle inne, etwa an einem Wächterbaum, dem Tor in einer Hecke, einer Brücke oder einem großen Stein. Dort lege ich eine kleine Gabe aus, das kann zum Beispiel so etwas wie ein Sonnenblumenkern oder ein Haferflocken zur Begrüßung sein. Vorher puste ich meine Liebe in die Gabe hinein, als würde ich Freunde besuchen und sie freundlich begrüßen, wenn sie mir die Tür öffnen. Es ist wie ein Anklopfen und Ankündigen, bevor ich bewusst diesen Lebensraum betrete.

Ebenso nutzen wir den Atem auch bei einem Ritual, um einem Gegenstand, der eine bestimmte Bedeutung im Ritual hat, genau die Energie des dazugehörigen Gefühls mitzugeben.

Luft umgibt und verbindet uns

Luft ist überall. Nur unter besonderem Aufwand können wir ein Vakuum herstellen und halten. Ansonsten umgibt uns eine lebensfreundliche Atmosphäre, von der sich alle Lebewesen gleichermaßen bedienen. Du atmest ein und aus. Dein Ausatem vermischt sich mit der Außenluft, die ein anderer wieder einatmet.

In unseren Lungen wird das Blut mit Sauerstoff aus der Luft angereichert und Kohlendioxid abgegeben. Bei den Pflanzen ist es genau umgekehrt. Sie nehmen bei der Fotosynthese Kohlendioxid aus der Luft auf und geben Sauerstoff ab. Wir sind also über unseren Atem mit allen Menschen, allen Tieren und auch den Pflanzen verbunden. Eine verrückte Vorstellung, oder?

Luft ist zwar unsichtbar, aber Träger und Überträger von Informationen. Wenn wir davon sprechen, dass etwas in einem »luftleeren Raum schwebt«, so meinen wir damit, dass es keinen Bezug hat zu anderem, es nicht angebunden oder im Zusammenhang steht.

Unter normalen Umständen gibt es diesen luftleeren Raum auf der Erde nicht. Denn selbst wenn ein Raum völlig leer ist, enthält er mindestens Luft. Und das ist weitaus mehr als nichts! Versuche einmal, Luft zusammenzudrücken, zum Beispiel mit einer Luftpumpe, dann merkst du, wie viel Widerstand da ist.

Durch die Luft werden Schallwellen, Radiowellen und andere Frequenzen gesendet. Ohne die uns umgebende Luft wäre es totenstill.

Jedes Wispern und Flüstern der Blätter im Wind, jeder Ton existiert nur, weil es die Luft gibt. Wenn wir gemeinsam singen, bringen wir die Luft gemeinsam in Schwingung und erzeugen damit eine Klangkuppel. Dann teilen wir nicht nur den Atem, sondern auch den Ton und bringen das Umfeld zum Vibrieren. Das gemeinsame Singen verbindet uns in Harmonie. Deswegen heißt es auch: »Wo man singt, da lass dich ruhig nieder.«

»Etwas liegt in der Luft«

Kommunikation (Verbindung) ist eine Ausdrucksform des Elementes Luft. Bei jedem Wort bringt dein Atem deine Stimmbänder zum Klingen. Über das Sprechen tauschen wir Informationen aus und verständigen uns. Klänge und Musik können eine heilsame Wirkung haben. Auch das Lachen ist ein Ausdruck des Elementes Luft.

Luft ist auch der Trägerstoff für Gerüche jeder Art. So kann dich durch den Wind die Duftwolke einer blühenden Linde erreichen, die weiter weg steht. Oder du erkennst recht schnell, dass die Chemie nicht stimmt, weil du jemanden nicht riechen kannst. Dann ist jede weitere Form der Kommunikation überflüssig, um herauszufinden, wie ihr zueinander steht. Deswegen wird der Sinn des Riechens der Luft zugeordnet.

Luft nimmt Schwingungen auf. Vor allem in geschlossenen Räumen merkst du es deutlich: Es kann eine gute oder eine schlechte »Atmosphäre« herrschen. Bei einem Streit gibt es »dicke Luft«. Dann hilft es, das Fenster zu öffnen und frische Luft hineinzulassen – oder selbst einmal an die frische Luft zu gehen.

Unsere Aura, der Feinstoffkörper um uns herum, besteht aus Luft, welche unsere Schwingung aufgenommen hat. Selbst wenn du keine

Aura sehen kannst, so spürst du doch deutlich, wenn dir jemand zu nahe kommt. Das ist meist ein gutes Stück von dir entfernt, denn dein Körper endet nicht mit der Haut, sondern ist mit verschiedenen feinstofflichen Schichten umgeben. Jemand mit einer großen Ausstrahlung kann mit seiner Präsenz den ganzen Raum einnehmen. Du kannst deine Lufthülle mit deinem Denken und Fühlen beeinflussen. Manche Menschen blasen sich regelrecht auf. Und manchmal spürst du:

»Die Luft ist raus.«

Frei wie der Wind und leicht wie eine Feder

Das Element Luft beherrschen die Vögel wie keine andere Tierart. Sie sind wahre Luftakrobaten wie die Schwalben und Mauersegler. Bussard, Milan und Adler nutzen die Aufwinde, um majestätisch nur mit wenigen Flügelschlägen in schwindelnde Höhen aufzusteigen. Kolibris schaffen es, in der Luft zu stehen, und die Zugvögel nutzen die günstigen Winde, um jedes Jahr zweimal Tausende von Kilometern weiterzuziehen.

Bei den Römern gab es hoch angesehene Auguren, die die Kunst der Deutung des Vogelfluges beherrschten. Wohl möglich, dass die Vögel ein Gespür dafür haben, wenn etwas »in der Luft« liegt, das Wetter sich ändert oder ein Gewitter naht. Die daraus resultierende Anspannung übertrug sich auf alle, sodass bestimmte Handlungen nur durchgeführt wurden, wenn »die Luft rein« war.

»Mit den Vögeln fliegen«

Vögel stehen für Freiheit. Eine Nachtigall, die in einen Käfig eingesperrt wird, singt nicht mehr. Wünschst du dir auch manchmal, »vogelfrei« zu sein? Genießt du deine Freiheit sehr und lässt dich um nichts in der Welt anbinden oder einsperren? Wenn die Kraniche nach Süden ziehen, dann möchten Luftmenschen am liebsten mitziehen. Ein bisschen Wind unter den Flügeln hier und da ist für sie Lebenselixier. Sie müssen manchmal einfach weg, woandershin, etwas Neues sehen und kennenlernen.

Luft ist leicht wie eine Feder. Verglichen mit dem Element Wasser oder Erde hat sie eine sehr geringe Dichte. Diese Leichtigkeit drückt sich in unserem Wesen als Unbeschwertheit aus. Wer also vieles leicht und mit Humor nimmt, hat einen guten Bezug zur Luft. Auch das Lachen und die Heiterkeit sind Merkmale des Elementes Luft. Wenn wir gut drauf sind oder gar verliebt, dann schweben wir förmlich dahin.

Kritisch wird es, wenn »die Luft raus ist«. Dann geht nichts mehr und eine Pause ist angesagt, in der man erst mal wieder tief durchatmen kann.

Luft ist immer in Bewegung

Die Sonneneinstrahlung erzeugt immerzu eine Thermik. So kommt am Tag der Wind vom Meer und in der Nacht weht er vom Land aus dorthin. Die starke Sonneneinstrahlung am Äquator erzeugt große Luftströme, die relativ konstant sind und unser Wetter beherrschen wie der Golfstrom. Der Passatwind hat die Seefahrer früher zuverlässig nach Westen gebracht. Wenn der Gott des Windes den Seefahrern nicht hold ist, bringt er vernichtende Stürme oder ebenso tödliche Flauten. Und auch im Landesinneren tut Rückenwind gut. Wenn du hingegen immer Gegenwind kriegst, zum Beispiel in der Kommunikation mit anderen dadurch, dass dir jemand widerspricht, dann kann das sehr erschwerlich sein.

»Da weht ein frischer Wind!«

Sehr selten steht die Luft ganz still, und das ist dann mitunter eine unangenehme Ruhe vor dem Sturm. Deutlich angenehmer ist es, wenn ein »frisches Lüftchen weht«.

Auch Flexibilität ist ein Wesen der Luft: Der Wind kann schnell drehen und seine Richtung ändern. Das hast du bestimmt schon gemerkt, wenn du am Lagerfeuer sitzt und der Wind den Rauch immer in eine andere Richtung bläst. Auch beim Segeln ist es eine Kunst, mit wechselnden und böigen Winden umzugehen.

»Wie ein Fähnchen im Wind«

Wer mit dem Element Luft unterwegs ist, kann sich schnell neuen Umständen anpassen und findet rasch heraus, »aus welcher Richtung der Wind weht«. Und wenn es sein muss, wird die Richtung geändert und den neuen Umständen angepasst. Diese Flexibilität kann dich gut voranbringen, weil du immer »mit dem Wind segelst«. Andere mögen das als unzuverlässig bezeichnen, wenn du wie »ein Fähnchen im Wind« deine Meinung schnell änderst.

Luft ist schnell. Sie hat in den oberen Schichten keine Hindernisse zu überwinden und kann frei dahinströmen. So kann sich das Wetter schlagartig, »in Windeseile«, ändern. Wer mit der Luft unterwegs ist, ist schnell und wendig, oft von schlanker Statur und hat viel Freude an der Bewegung, zum Beispiel beim Joggen oder Radfahren.

»Wer Schmetterlinge lachen hört, der weiß, wie Wolken schmecken.«

Tanzen wie ein Wirbelwind

Luft wirbelt gerne herum. Das kannst du besonders gut im Herbst beobachten, wenn der Wind die herabgefallenen Blätter in Wirbeln bewegt. Aber auch beispielsweise die Samen des Ahorns oder der Linde mit ihren Flugblättern kreiseln wunderbar durch die Luft, wenn sie zu Boden fallen. Im Großformat entstehen Wirbelstürme oder Windhosen. Zu Kindern sagen wir, wenn sie »stürmisch« sind:

»Das ist ein kleiner Wirbelwind!«

Diese Drehbewegung machen wir auch oft beim Tanzen, ob allein oder als Paar – die Drehung gehört beim Tanz einfach dazu. Schau dir die Ballerina an, wie sie sich auf der Stelle dreht, oder die Sufi-Tänzer! Schon die ganz Kleinen tanzen beim Ringelreigen im Kreis. Der Tanz ist die durch die Musik ausgelöste Körperbewegung. Er ist also der verlängerte Arm der Luft, welche die Töne transportiert. Musik und Tanz sind immer auch ein Ausdruck der Freude.

Grenzenlose Weite

Der Himmel ist grenzenlos weit. Ein »Hans Guckindieluft« sieht die vielen Möglichkeiten, das riesige Potenzial, aber nicht die Schwierigkeiten bei der Umsetzung. Vielleicht fehlt manchmal der Realitätsbezug, dafür fließt die Kreativität. Er überfliegt alles schnell und erfasst das große Ganze recht gut, kratzt dadurch aber nur an der Oberfläche.

Das Element Luft ist eng verbunden mit unserer mentalen Kraft. Unsere Gedanken kommen angeflogen, springen hierhin und dorthin, können unsichtbar, aber spürbar telepathisch über weite Entfernungen geschickt werden. Vor allem, wenn sich die Gedanken von vielen auf eine Sache konzentrieren, entsteht ein gebündelter Strom, der um den ganzen Erdball ziehen kann wie der Golfstrom.

»Ideen kommen wie angeflogen.«

Es ist eine Eigenart der Gedanken, unstet und manchmal verwirrend zu sein. Es braucht regelrecht Energie in Form von Konzentration, sonst zerstreuen sie sich gleich wieder.

Menschen mit einem starken Luftanteil sind Überflieger. Sie schauen sich etwas an und haben es schon verstanden. Die Sprache ist ihre Stärke, in der sie die Gedanken mühelos ausdrücken. Sie sind sprunghaft in ihrem Wesen, reisen gerne, lassen sich nicht anbinden und freuen sich über ständig neue Impulse. Es fliegt ihnen vieles einfach zu. Sie schnappen Ideen quasi aus der Luft auf, und schon ist ein neues Projekt entstanden. Ob es bis zum Schluss umgesetzt wird, steht auf einem anderen Blatt, denn schon kommt ein neuer Gedanke herangerauscht. Aus dem Nichts heraus kreieren sie Neues und streuen ihre Ideen in den Wind, die wie die Samen des Löwenzahns dahinsegeln und in alle Richtungen verstreut werden. Luftmenschen sind schnell inspiriert (lateinisch *inspirare* = einatmen). und Impulsgeber erster Güte. Mit ihrer Kreativität sind sie ein Garant für Innovationen.

In unserer hektischen Welt herrscht allgemein ein Luftüberschuss. Einen großen Anteil daran hat das Smartphone, mit dem wir immer und überall erreichbar sind und jede Information abfragen können. Informationen sind dem Element Luft zuzuordnen, denn sie sind geistiger Natur. Sie schwirren im Übermaß den ganzen Tag bis manchmal ins Schlafzimmer hinein um uns herum. Selbst wenn wir gezielt nach einer Antwort im Netz suchen, erhalten wir mehr Informationen, als wir brauchen. Hinzu kommen die uns ungefragt erreichenden Informationen aus den sozialen Medien. Auch bei Google, YouTube und Co. werden uns »interessante« Bilder und Stichworte vorgeschlagen, die uns von unserem wahren Inneren ablenken. Wir ersticken im Wissen und sind nicht mehr in der Lage, es zu ordnen und anzuwenden.

Dadurch wissen wir bald gar nicht mehr, was wir von den vielen Angeboten und Möglichkeiten als Erstes wahrnehmen sollen, und haben Angst, etwas zu verpassen, oder befürchten, dass es irgendwo eine noch bessere Lösung gäbe. Dieses Phänomen wurde inzwischen von Sozialwissenschaftlern und Psychologen untersucht und hat einen Namen: FOMO – *fear of missing out.* Letzten Endes hält uns der Überfluss an Informationen, ein Zuviel des Elementes Luft, in der Untätigkeit oder wir sind so umtriebig, dass es uns nervös und krank macht. Daraus resultiert ein sprunghaftes, oberflächliches und kopfbetontes Leben. Ein Übermaß an Luft macht sich auch in der Arbeitswelt bemerkbar: Nichts ist auf Dauer sicher, es gibt ständig Umstrukturierungen, Zusammenlegungen von Firmen, neue Teams, andere Vorgaben. Diese Flexibilität und Anpassungsfähigkeit scheint überlebensnotwendig, um sich an die schnell und radikal veränderlichen Märkte anzupassen. Auch dafür gibt es einen Begriff: Das Wort VUCA steht für *volatility* (Volatilität), *uncertainty* (Ungewissheit), *complexity* (Komplexität) und *ambiguity* (Ambiguität).

Einen Überschuss an Luft kannst du ausgleichen – mit einer großen Portion des Elementes Erde. In der Natur kommst du zur Ruhe und findest wieder einen sicheren Stand.

Wobei dir das Element Luft hilft

Das Element Luft hilft dir, Leichtigkeit zu erlangen. Wenn du die Dinge also eher schwernimmst und das Gefühl hast, nicht vorwärtszukommen und Gewichte an den Füßen zu haben, dann verbinde dich mit der Luft. Sie hilft dir, den Blick zu heben, den Horizont zu erweitern und das Feld der unbegrenzten Möglichkeiten zu sehen. Die Ideen kommen wie angeflogen. Du fühlst dich befreit und inspiriert.

Tust du dich schwer damit, eine neue Richtung einzuschlagen, und stehst dir selbst oft im Weg mit starren Prinzipien, an denen du festhältst, so kann dich die Luft ein bisschen flexibler machen und dich darin unterstützen, den Wind der Veränderung zu mögen.

»Lass dir frischen Wind um die Nase wehen!«

Die Luft bringt frischen Wind in dein Leben, wenn es ein wenig miefig und langweilig geworden ist. Lass dich mal richtig durchpusten, damit wie bei einem Sturm die toten Äste aus der Krone geschüttelt werden und Platz für frisches Grün entsteht.

Es fehlt dir an Ideen, du bist gerade nicht kreativ und wünschst dir neue Impulse? Dann halte mal deine Nase in den Wind und schau, was dir die Luft zuträgt.

Luft ist ein Element, das dem männlichen Pol zugeordnet wird. Schließlich ist sie Vater Himmel so nah. Auch der Atem Gottes, der dir das Leben einhaucht, kommt von oben, wohingegen der Körper von Mutter Erde kommt. So sind auch die Inspirationen, die Eingebungen, ein Geschenk des Vaters Himmel.

Die Sternzeichen des Elementes Luft

Zwillinge, Waage, Wassermann

Luft steht für:

- Leichtigkeit, Freiheit, Beweglichkeit, Flexibilität, Verbundenheit, Inspiration, Genialität, Schnelligkeit
- Im Übermaß:
  Oberflächlichkeit, Sprunghaftigkeit, Zerstreutheit, Überforderung
- Luft stärkt den männlichen Pol.
- Die Farben der Luft sind Weiß und Hellblau.
- Zugeordneter Sinn: Riechen

Naturritual – Luft

Wir nutzen das Element Luft dafür, unsere Wünsche in alle Winde zu verstreuen. Da die Luft mit allem verbunden ist und sich sehr schnell bewegen kann, ist sie das ideale Element, um deinen Wunsch zügig an die richtige Stelle zu bringen. Rauch ist ein guter Trägerstoff für deine Wünsche, die du der Luft mitgeben möchtest. Das wussten schon die Indianer, die mit dem Rauch aus der Friedenspfeife eine Botschaft an die Geister schickten. Dabei wurde eine gesegnete Kräutermischung als »Tabak« verwendet. Dann wurde der Rauch mit dem eigenen Atem vermischt und rituell in alle vier Richtungen in den Himmel geblasen. Man hat zum Beispiel einen Friedensbeschluss dadurch besiegelt, dass man ihn mit dem Rauch allen vier Winden mitgeteilt hat.

Einen Wunsch den Winden übergeben

Du brauchst für das Ritual:

- Räucherschale (ein Gefäß aus Ton, das zur Hälfte mit trockenem Sand gefüllt ist)
- Kräuter (Salbei, Beifuß oder eine Kräutermischung, die dich anspricht)
- Feuerzeug/Streichhölzer
- Feder

1. Der erste, wichtigste Schritt besteht darin, dir ganz klar zu werden, was dein Wunsch ist. Je konkreter du ihn formulieren kannst, desto klarer wird er sich erfüllen. Allgemeine Wünsche wie »Ich möchte glücklicher sein«, »Ich wünsche mir einen neuen Job« oder »Ich hätte gerne mehr Geld« sind nicht präzise genug. Formuliere lieber: »Ich wünsche mir ab dem (Datum einsetzen)

einen neuen Job, mit dem ich ein festes monatliches Einkommen von (hier deinen Wunschbetrag einsetzen) erhalte und in dem meine Talente (hier deine Gaben einsetzen) zum Ausdruck kommen.«
Nimm dir also ausreichend Zeit, um deinen Wunsch detailliert auszuformulieren.

2. Suche dir einen geeigneten Platz für die Durchführung deines Rituals aus, möglichst in einer Höhenlage. Das kann ein Aussichtspunkt, ein Felsvorsprung, ein Hochsitz oder eine Dachterrasse sein.
3. Bereite deine Räucherutensilien vor: Anstelle einer Pfeife, was natürlich auch möglich ist, kannst du eine Räucherschale mit Kräutern deiner Wahl verwenden. Sehr praktisch ist eine größere Feder, mit der du den Wind in eine bestimmte Richtung lenken kannst.
4. Orientiere dich mithilfe eines Kompass oder des Sonnenstandes, wo die Himmelsrichtungen liegen. Zünde deine Kräuter an und wende dich gen Osten. Sprich nun deinen Wunsch laut aus. Fächere mit der Feder den Rauch in die entsprechende Himmelsrichtung. Beginne mit der direkten Anrede:
   »Winde des Ostens, ich wünsche mir (hier deinen Wunsch ausformulieren). Ich bitte um eure Unterstützung.«
5. Drehe dich nun weiter im Uhrzeigersinn zum Süden, Westen und Norden. Wiederhole deinen Wunsch in jeder Himmelsrichtung mit der passenden Anrede.
6. Bedanke dich am Ende für die Unterstützung der Winde und die Erfüllung deines Wunsches. (Im Schamanischen geht man sicher davon aus, dass die Kräfte helfen werden. Deswegen bedankt man sich schon direkt nach dem Aussprechen des Wunsches für seine Erfüllung.)

Mit diesem Ritual hast du deinen Wunsch in alle vier Himmelsrichtungen gegeben. Die Luft wird ihn weitertragen. Sie ist flink und kommt mit allem in Berührung. Aus irgendeiner Richtung wird eine Antwort kommen. Deine Aufgabe ist es, offen zu sein und das wahrzunehmen, was dir zugetragen wird.

Die Magie des Wünschens besteht darin, den Wunsch so konkret wie möglich zu formulieren, aber den Weg, wie er sich erfüllt, in keiner Weise vorzugeben. Es wird zu dir kommen, aus Osten, Süden, Westen oder Norden.

Daran erkennst du, dass dir das Element Luft fehlt

Ein Mangel am Element Luft kann sich in verschiedenen Bereichen des Lebens und auf unterschiedliche Weise äußern.

Körperlich

Dein Atem ist flach und dein Körper fühlt sich schwer an. Die Glieder sind steif geworden und deine Bewegungen sind nicht so geschmeidig. Manchmal fällt dir schon das Bücken schwer und auf Tanzen hast du überhaupt keine Lust.

Mental

Du bist unflexibel und es fällt dir schwer, Lösungen zu finden. Wenn Plan A nicht funktioniert, stehst du auf der Leitung und hast keine Ahnung, wie es weitergehen soll. Deswegen nimmst du das Leben schwer und bist oft in Probleme verstrickt.

Energetisch

Es fehlt dir an Inspiration. In deinem Leben passiert nichts Neues, das dir Schwung gibt. Langeweile macht sich breit und du fragst dich, ob das schon alles gewesen sein kann. Aber du wartest vergeblich auf Eingebungen.

So stärkst du das Element Luft in dir

Die meisten Übungen kannst du einfach irgendwo an der frischen Luft machen – spüre den Wind auf deiner Haut, beobachte die Wolken, richte deine Aufmerksamkeit auf den Atem, lass dich von der Musik tragen …

ÜBUNG 1: Das Spiel des Windes erleben

Luft ist zwar unsichtbar, aber sie macht sich auf vielfältige Weise bemerkbar, wenn sie mit allem spielt, was sie berührt. Du kannst diese Übung auf jedem beliebigen Platz anwenden. Besonders einfach geht es, wenn Bäume in der Nähe sind.

- Suche dir einen Platz in der Natur, an dem es Bäume gibt.
- Halte nun Ausschau danach, wo der Wind die Blätter der Bäume bewegt. Manchmal bewegen sich kaum sichtbar nur einzelne Blätter ganz sachte oder ein Ast hebt und senkt sich langsam, als wollte er grüßen. Bei ein bisschen mehr Wind kannst du beobachten, wie eine Bö von weiter her von einem Baum zum anderen reist und die Baumkronen bewegt oder sogar richtig durchschüttelt – als würde eine liebevolle Hand über die Köpfe der Bäume streichen.
- Schließe nun deine Augen und konzentriere dich auf das Hören. Nimm wahr, wie die Blätter im Wind rauschen. Klingt eine Buche anders im Wind als eine Eiche oder gar eine Fichte? Spitze deine Ohren und nimm die feinen Nuancen wahr. Vielleicht kommt ein kleiner Windstoß und du bemerkst das Lauter- und Leiserwerden des Rauschens wie ein Crescendo und Decrescendo in der Musik.

- Wenn du auf einer freien Fläche bist, kannst du den Wind spüren. Schließe dazu gerne auch wieder deine Augen, damit du dich ganz deinen Empfindungen widmen kannst. Spürst du den Wind in deinen Haaren? Drehe deinen Kopf leicht hin und her und lasse ihn auch deine Wangen streicheln. Je mehr unbedeckte Haut du hast, desto besser kannst du dich liebkosen lassen. Dann streicht der Wind über die Härchen an deinen Armen und Beinen.
- Finde heraus, aus welcher Richtung der Wind kommt, und halte deine Nase in den Wind. Atme tief ein und wieder aus. Wonach riecht es? Nach trockenem Gras, feuchtem Laub oder frischem Grün? Nimm noch ein paar tiefe Atemzüge und fülle deine Lungen bis in die Spitzen mit frischer Luft.
- Öffne deine Augen wieder und lasse nun alle Sinneswahrnehmungen gleichzeitig zu. Du schaust und horchst, du spürst und riechst das Element Luft, wie es mit den Bäumen spielt und mit dir.

Du kannst auch an einem Getreidefeld beobachten, wie der Wind zauberhaft durch die Halme fährt und sie leise rascheln. Von Weitem sieht es aus, als würden die Halme hin und her wogen wie die Wellen auf dem Meer. Auch an einem See kannst du wunderbar beobachten, wie eine Windbö das Wasser leicht kräuselt und dieser Bereich wie ein fliegender Teppich langsam auf dich zukommt, bis du ihn auf deinem Körper spürst.

Da ist die Luft im Spiel ...

Wenn du diese Übung regelmäßig machst, wirst du die Luft viel bewusster auch in deinem Alltag wahrnehmen. Überall siehst du dann, wie es flattert, weht und winkt, zu Boden schwebt oder in die Lüfte getragen wird. Ob kleine Staubwolken wirbeln, Blütenblätter durch die Luft rieseln oder Wellen entstehen – überall ist die Luft im Spiel.

ÜBUNG 2: Mit den Wolken ziehen

Als Kinder haben wir das oft gemacht: einfach aus dem Fenster geschaut und Wolkenfiguren gesucht. Besonders hübsch sind weiße Wattebäuschchen auf blauem Himmel oder Federwolken, die sich ganz lang, dünn und fein über den Himmel ziehen. Auch eine Wolkendecke, durch die hier und da die Sonne schaut, ist faszinierend. Es gibt (fast) immer etwas zu entdecken in unseren Breitengraden. Was gibt es Schöneres, als auf einer Sommerwiese zu liegen und in den Himmel zu schauen?

- Am besten legst du dich wirklich auf den Rücken, denn dann schaust du automatisch in den Himmel und nirgendwo anders hin. Natürlich kannst du auch aus einem Fenster in den Himmel schauen – nicht auf die vielen anderen Dinge drumherum – oder im Stehen deinen Blick ganz bewusst dorthin lenken. Was entdeckst du?
- Beobachte 15 Minuten lang, wie sich die Wolken verändern. Sie sind immer in Bewegung und nehmen ständig neue Formen an. So entstehen fortlaufend andere Gebilde, die ineinander übergehen. Manchmal werden die Wolken in verschiedenen Schichten unterschiedlich schnell über den Himmel geschoben. Oder die Sonne löst die zarten Wolken mit ihrer Kraft einfach auf …
- Die Erde trägt dich und dein Blick richtet sich in den weiten Himmel voller weicher, weißer Wolken, die sich ständig bewegen. Wohin ziehen sie? Wann erscheint das nächste Wolkenloch, durch das der blaue Himmel lugt? Erlaube dir, mit auf die Reise zu gehen. Vertiefe dich ganz in das sich ständig ändernde Bild.

Energie folgt der Aufmerksamkeit. Wenn du ausreichend lang in den Himmel geschaut hast, wirst du leichter, beweglicher und offener für Neues.

ÜBUNG 3: Einatmen, ausatmen

Wir atmen alle ständig ein und aus. Wenn das einmal nicht so sein sollte, ist dein Zustand lebensbedrohlich. Aber ist dir auch bewusst, dass du durch deinen Atem mit allen anderen Lebewesen verbunden bist?

- Suche dir einen Platz an frischer Luft, wo möglichst keine Schadstoffe in der Luft sind und viel Grün um dich herum ist.
- Setze dich auf eine Bank oder auf den Boden; wenn du magst, kannst du dich auch hinlegen. Richte deine Aufmerksamkeit circa fünf Minuten lang ganz gezielt auf deinen Atem. Beobachte, wie die Luft ein- und wieder ausströmt und wie es von ganz allein passiert. Automatisch wird sich deine Atmung etwas vertiefen. Du lässt es einfach geschehen.
- Stelle dir nun vor, wie du durch deinen Atem, der ständig ein- und ausströmt, mit allem verbunden bist. Tief in deinem Körper an den Lungenbläschen findet der Sauerstoffaustausch statt. Mit deinem Atem lässt du deine »Umwelt« ganz tief in dich hinein.
- Lasse den Gedanken so weit zu, wie es dir möglich ist. Spüre die Verbindung über die Luft zu allem, was lebt. Mache dir bewusst, dass wir über unseren Atem mit allen Lebewesen verbunden sind. Wir nehmen und geben immerfort – Ein und Aus sind im ständigen Gleichgewicht.

Naturerleben

Das Streicheln des Windes

Den verlassenen Steinbruch hat sich die Natur längst zurückerobert. Der karge Boden ist wieder überzogen von Gräsern und Kräutern. Von dem Birkenwäldchen auf der Hochebene geht es steil hinunter in eine Senke, in der sich türkisgrün schimmerndes Wasser gesammelt hat. Während der Wind die Baumkronen in der Höhe kräftig durchschüttelt, ist es hier unten ganz ruhig. Am Ufer des kleinen Teichs ruhend atme ich die Stille ein, die sich mehr und mehr in mir ausbreitet. Ein leichter Windhauch streichelt über die Wasseroberfläche, die bei dieser zärtlichen Berührung erzittert. Ganz versunken in das Liebesspiel der Elemente läuft auch mir ein Schauer über den Rücken.

Was du noch tun kannst, um dich mit der Luft zu verbinden

- **Segelschiffchen auf dem Wasser fahren lassen**
  Als Kinder haben wir oft Segelschiffchen gebaut, aus Papier oder aus einem kleinen Stück Holz. Manchmal reicht es auch schon aus, eine gebogene kleine Feder auf das Wasser zu setzen oder ein zusammengerolltes Blatt. Schaue dann einfach zu, wie der Wind dein kleines Schiffchen über das Wasser treibt. Wenn es sein muss, auch gegen die Strömung.
- **Kurz innehalten und erspüren, aus welcher Richtung der Wind kommt**
  Drehe dazu deinen Kopf in alle Richtungen und finde heraus, woher der Wind weht. Übrigens auch eine tolle Übung, um deine Wahrnehmung zu verfeinern, damit du in Unterredungen herausfindest, was wirklich dahintersteckt.
- **Bewegung an frischer Luft** (Spazieren gehen, joggen, Rad fahren)

Vor allem die schnelleren Bewegungen wie Joggen und Radfahren, bei denen du viel Wind spürst, sind gut geeignet. Jemand, der allerdings schon zu viel Luft hat, sollte eher nicht Rad fahren.

- **Segeln**
  Wenn du mit einem Segelboot unterwegs bist, achtest du sehr darauf, aus welcher Richtung der Wind weht und ob die Segel optimal eingestellt sind. Du bekommst sofort eine Rückmeldung, weil das Boot entweder schneller fährt oder langsamer wird.
- **Seifenblasen machen**
  Du füllst die Seifenblasen mit deinem Atem, der dann in schillernden Kugeln vom Wind in die Ferne getragen wird. Dadurch ist die Luftströmung für dich sehr gut erkennbar.
- **Singen und pfeifen**
  Bringe die Luft mit dem Instrument deines Körpers zum Klingen und lasse dein Lied weit hinaus in die Welt ertönen! Ich pfeife auch gerne mit den Vögeln und imitiere ihre Stimme so gut es mir eben gelingt. Sie antworten in der Regel. Dann fühle ich mich mit ihnen sehr verbunden.
- **Tanzen**
  Bei der Bewegung zur Musik lässt du deinen Körper sich zu den Klängen durch den Raum bewegen.
  Die Luft transportiert die Töne zu dir und sie versetzen dich und die Luft in Schwingung.
- **Schmetterlinge beobachten**
  Mit ihren kleinen, zarten Flügeln fliegen sie kreuz und quer durch die Luft. Natürlich werden sie von jedem Windhauch auf ihrer Flugbahn beeinflusst. Und doch gelingt es ihnen, umeinanderzufliegen. Ein Schmetterlingspärchen in der Luft strahlt Leichtigkeit aus.
- **Einem Vogelkonzert lauschen**
  Mit ihrem Gesang erfüllen die Vögel vor allem in den Morgen- und Abendstunden die Luft.

- **Ein Windspiel aufhängen**
  Es gibt Klangspiele aus Bambus, Metallröhren oder Holz, die durch ein Pendel je nach Windstärke angeschlagen werden und ihre harmonischen Klänge verbreiten.
- **Federball spielen**
  Der leichte Ball saust durch die Luft und sinkt langsamer nach unten. Während des Spiels ist er die ganze Zeit in der Luft und du schaust ihm nach … Eine sehr schöne Betätigung an lauen Sommerabenden!
- **Trampolin springen**
  Das Springen und Hüpfen auf einem Trampolin lässt dich für kurze Zeit fliegen. Dein Gewicht ist gefühlt nur noch halb so groß. Du scheinst leicht wie eine Feder und danach am Boden wie Blei.
- **Schaukeln**
  Beim Schaukeln saust du durch die Luft, spürst den Wind in deinen Haaren und bist eins mit dem Element Luft. Eine Schaukel bringt nicht nur Kinder in Schwung. Und wenn dir mal alles zu viel wird, geh einfach schaukeln.

Affirmationen:

»Ich bin frei wie ein Vogel.

Ich bin leicht wie eine Feder.

Ich bin beweglich wie ein Blatt im Wind.«

Kraftorte – Luft

Luft umgibt alles. Sie stellt die Atmosphäre dar, die den gesamten Erdball umschließt. Überall ist Luft, sonst könnten wir nicht atmen. Und dennoch gibt es Orte, an denen das Element Luft besonders vorherrscht, nämlich dort, wo alles andere fehlt und sich ein gigantischer Himmel über uns spannt. Auch wenn wir nicht wie die Vögel mit ihren akrobatischen Flugkünsten eins sein können mit der Luft, können wir doch versuchen, so weit es geht abzuheben und dem Himmel sehr nah zu sein.

Auf dem Berg

Wann warst du das letzte Mal auf einem Berg? Der Anstieg mag anstrengend gewesen sein, dafür wirst du mit einer großartigen Aussicht

belohnt. Da oben bist du dem Himmel so nah wie nirgends sonst. Wenn du in alpinen Regionen unterwegs bist, kannst du beobachten, wie der Pflanzenbewuchs auf dem Weg nach oben immer niedriger wird. Oberhalb der Baumgrenze wachsen nur noch Sträucher und bald nicht mehr als spärliche Gräser, Büsche und Flechten zwischen dem Geröll und den Felsen. Sogar die Luft wird immer dünner. In diese schwindelnden Höhen kommen auch nicht mehr viele Tiere. An den schwer zugänglichen Orten kraxeln nur noch Gämsen und Steinböcke. Adler schwingen sich mit Leichtigkeit in die Lüfte und ziehen majestätisch ihre Kreise.

Auf den Bergspitzen ist also alles reduziert, bis auf eines, und das gibt es im Überfluss: Luft. Zwischen den Bergen und über die Gipfel fegt der Wind und dringt durch jede Ritze deiner Kleidung. Zugig ist es auf der Zugspitze und anderen Bergspitzen.

Du bist schon mit leichtem Gepäck auf die beschwerliche Tour gestartet und hast auf dem Weg nach oben noch einiges an Gewicht verloren. Vor allem die Sorgen und Nöte, die dich am Boden beschäftigt haben, sind hier oben wie weggeblasen. Der Kopf wird frei und die Lungen sind gefüllt mit frischer, klarer Bergluft. Während unten im Tal alles dicht gedrängt und voll ist, blickst du von hier oben in die Weite. Du schaust über Täler und niedrigere Berge und Hügel bis ganz weit hinein in die Tiefebene oder über das ganze Bergmassiv. Ein weit reichendes Panorama schenkt dir den Überblick und du kannst auch noch weit entfernte Städte oder markante Landschaften erkennen.

Von der Höhe aus betrachtet wird alles andere klein. Vielleicht bist du sogar über den Wolken und schaust auf weiße Wattebäuschchen, welche die darunterliegende Landschaft verhüllen. Du hast Abstand gewonnen von dem, was dich im Tal noch belastet hat, und im Kopf ist Platz für neue Gedanken. Die Ideen kommen dir zugeflogen. Du fühlst dich leicht und frei.

Auch wenn du keine hohen Berge in deiner unmittelbaren Umgebung hast, kannst du auf eine Anhöhe oder einen Aussichtspunkt, zum Beispiel eine Burg(ruine), gehen, um den weiten Blick zu genießen und alles einmal von oben zu betrachten. Selbst wenn das Land sehr flach ist, gibt es irgendwo eine kleine Erhebung, die dann schon ausreicht, um weiter zu schauen. Manchmal kann auch ein Hochsitz am Waldrand eine kleine Hilfe sein, dem Erdboden zu entfliehen und mehr in der Luft zu sein.

Dein Vater-Berg

Gibt es einen Berg in deiner Nähe, zu dem du eine besondere Beziehung hast? Wenn nicht, besuche einmal ganz gezielt die Berge in deiner Umgebung und finde heraus, wo es dich hinzieht. Verstärke die Verbindung, indem du ihn regelmäßig besuchst. So wird dieser Berg mehr und mehr zu deinem ganz persönlichen Kraftort.

In der schamanischen Tradition haben alle Menschen einen Fluss als weibliche und einen Berg als männliche Unterstützung. Beide passen auf sie auf. Vor allem stehen sie dir zur Seite, wenn du mit Problemen zu ihnen kommst.

Wie soll das gehen, fragst du dich? Wenn dich etwas sehr belastet, trägst du es mit dir herum, und das macht dir das Leben schwer. Es tut sehr gut, diese Last an einem Ort abzusetzen, wo sie verwandelt werden kann. Sinnbildlich passiert genau das, wenn du auf deinem Berg bist und an der höchsten Stelle, wo oft ein Gipfelkreuz steht, oder an einem von dir ausgewählten Platz – zum Beispiel an einem hohen Baum oder einem Felsvorsprung – eine kleine Gabe hinterlässt. Wende dich mit deiner Bitte um Erleichterung an den Berg. Du lässt das Problem dort oben und schaffst so Distanz zu dem Thema. Den Platz, den du dir damit einräumst, kann die geistige Welt nutzen, um einzugreifen und dir Begegnungen, Anregungen oder Lösungsansätze zu schicken. Das ist schon das ganze Geheimnis. Ein Knoten kann sich viel besser auflösen, wenn du nicht immerzu an den Enden des Fadens ziehst.

Am Strand

Wenn du nicht der Bergtyp bist und gerne kletterst, gibt es eine vortreffliche Alternative. Eine ganz anders geartete, aber ebenso große Weite kannst du erleben, wenn du am Meer entlangläufst. Dein Blick bleibt bis zum Horizont an nichts hängen. Der Himmel mit beeindruckenden Wolkenformationen scheint sich unendlich auszudehnen und es weht ständig eine mehr oder minder steife Brise.

Wenn es mal richtig dicke kommt, helfen dir drei Tage am Meer, und du siehst wieder klarer. Du lässt dich richtig durchpusten und hältst einfach an nichts fest. Der Wind fegt alles hinweg, während du an dem breiten, flachen Strand entlangläufst. Immer wenn wieder etwas in dir hochkommt, nimmst du deine zu Schalen geformten Hände hoch bis zum Mund, pustest kräftig hinein und übergibst deine Sorgen, Ängste, Trauer oder Wut der Luft, die sie in alle Winde verstreut.

Der Strand ist übrigens immer eine Zone mit besonders hoher Energie. Über die Erde als auch über das Wasser strömt ständig Lebenskraftenergie. Dort, wo sie aufeinandertreffen, schieben sie sich förmlich übereinander, sodass hier eine Zone besonders hoher Energie entsteht. Das mag auch ein Grund sein, warum viele Menschen so gerne wenigstens einmal im Jahr ans Meer fahren und auch ein Wochenende schon so erholsam ist.

Manch großer See oder auch eine weite Landschaft, über die der Wind leicht hinwegstreichen kann und die nicht dicht bebaut oder bewaldet ist, eignet sich genauso, um zwischendurch einfach mal Luft abzulassen und einen Überblick zu bekommen.

Hoch oben

Luft ist überall, aber es gibt eben Orte, an denen alles andere weiter weg ist und die Luft dadurch zum dominanten Element wird. Solche Plätze findest du auch in der Stadt, zum Beispiel auf einem Fernsehturm oder der Dachterrasse eines Hochhauses. Ich würde diese Stellen nicht als Kraftorte bezeichnen, aber um mit dem Element Luft in eine besonders enge Verbindung zu kommen, sind auch sie geeignet.

In der Natur können Aussichtstürme oder ein Baumwipfelpfad ebenfalls solche Gelegenheiten bieten. Sei einfach kreativ und überlege dir, wo in deiner Nähe du dich am besten und einfachsten mit dem Element Luft verbinden kannst, wenn du dich eingeengt fühlst oder du dir einen Überblick über deine Situation verschaffen möchtest.

Zugehörige Pflanzen

Leichtigkeit, Lichtdurchlässigkeit, ätherische Düfte oder ihre Eignung als Räucherwerk kennzeichnen Bäume und Kräuter, die das Element Luft zum Ausdruck bringen.

Bäume

Birke

Wegen ihrer auffallend weißen Rinde kennt jeder die Birke. Sie leuchtet schon von Weitem, zumal sie dort, wo sie wächst, oft mit einem ganzen Gefolge von weiteren Birken auftritt. Birken sind nämlich Pionierpflanzen. Sie bevölkern als Erste mit ihren zarten Stämmchen brachliegende Flächen. Ob auf verlassenen Industriegeländen oder nach einem Windeinbruch im Wald, die Birken freuen sich über den leeren Raum und machen ihn auch für folgende Pflanzen urbar. Birken werden nicht sehr alt. Ihre Stärke ist die Jugend.

Mit ihrem zartgrünen Laub erfreuen sie unsere Herzen im zeitigen Frühjahr. Die herzförmigen Blätter bewegen sich an den dünnen Zweigen lustig im Wind und rufen dir zu: »Der Frühling ist da!«
Birken tanzen im Wind und strahlen mit ihrem ganzen Erscheinungsbild Leichtigkeit aus. Ihre Krone ist nicht so dicht wie die einer Eiche oder Buche. Die Birke lässt viel Licht auf den Boden durch. Es ist besonders im Frühjahr eine große Freude, in einem luftigen Birkenwäldchen spazieren zu gehen.

Probiere selbst einmal den Unterschied aus! Wenn dir an manchen Tagen ein Buchenmischwald zu erdrückend ist, kannst du dich in einem Birkenhain recht wohlfühlen.

Lärche

Eine Lärche kann riesengroß werden und zugleich luftig wirken. Ihre kurzen, weichen Nadeln an den dünnen Zweigen sind im Frühjahr frisch und grün und leuchten im Herbst goldgelb, bevor die Lärche sie abwirft. Die Krone der Lärche ist verhältnismäßig licht (anders als bei einer Fichte), und da sie auch noch die Nadeln im Winter abwirft, kann unter einer Lärche Gras wachsen. Vielleicht ist das der Grund, warum sich unter den Lärchen die den Menschen wohlgesonnenen Waldfeen ein Stelldichein geben und verirrten Wanderern den Weg zeigen.

Kräuter

Lavendel

Lavendel ist bekannt für sein ätherisches Öl, das er in großen Mengen in seinen violetten Blüten vor allem bei hoher Sonneneinwirkung bildet. Wie bei einem Igel ragen die Blütenstände auf langen dünnen Stängeln

aus dem hellgrauen Busch hervor. Auf den Lavendelfeldern in der Provence stehen im Juni lange »Igelreihen« aus blühendem Lavendel. Rund um die Blütenstände schwirrt und summt es von Hummeln und Bienen, die den viel gefragten Lavendelhonig produzieren.

Auch wenn die Blüten gelegentlich in Räuchermischungen zu finden sind oder auch einem Tee beigesetzt werden, so ist die Hauptanwendungsform des Lavendels das ätherische Öl, das über seinen Geruch wirkt. Das Wirkfeld ist also die Luft. Wir versprühen Lavendel in Raumsprays, benutzen es in Seifen und Waschmitteln, damit alles frisch und sauber riecht. Lavendel, dessen Name sich von dem lateinischen *lavare* (waschen) ableitet, reinigt also die Luft. Dieser feinstofflichen Wirkung ist es auch zu verdanken, dass der Lavendel das Einschlafen fördert, denn die Aura wird von aller Fremdenergie gereinigt, die dich daran hindert, beruhigt in den Schlaf hinüberzugleiten.

Beifuß

Eine ebenso lichte Pflanzengestalt hat der Beifuß. Die bis zu 1,60 Meter hoch werdende Pflanze ist trotz ihrer Größe völlig unscheinbar und beinahe durchsichtig. Ihre unterseits hellgrauen, stark eingeschnittenen Blätter und vor allem die Blütenrispen werden von alters her zum Räuchern verwendet. Beim Beifuß besteht der Bezug zur Luft also nicht über das ätherische Öl, das in der Luft versprüht wird wie beim Lavendel, sondern durch den Rauch.

Beim Räuchern mit den zu einem Bündel gebundenen Zweigen des Beifußes wird die Aura gereinigt. Beifuß gilt als die »Mutter aller Kräuter« und hat sehr große Kraft, wie sein Beiname »Mugwurz« (Machtwurz) bezeugt. Mit dieser Schamanenpflanze wird das Tor zur Anderswelt geöffnet, um bei einer schamanischen Reise Heilmittel zu finden und sich mit dem Geist von anderen Pflanzen oder Tieren zu verbinden.

Naturwesen – Luft

Fantasie, geistige Energie und die Fähigkeit zum Austausch – das sind die Geschenke der Luftwesen.

Wolkenwesen

Hast du schon einmal in den Himmel geschaut und dort ein Wolkenwesen entdeckt? Ich meine nicht nur die typischen Pudel und anderen Tiere, sondern ganz eindrückliche große Engelfiguren? Natürlich kann das alles auch Fantasie sein und es gibt keine handfesten Beweise dafür, aber darauf kommt es auch nicht an. Es sind kleine Zeichen, die dir die unsichtbaren Wesen hinterlassen Und wenn nur du den Regenbogen oder den Engel siehst, dann ist er auch nur für dich in Erscheinung getreten.

Elementarwesen der Luft

Die Elementarwesen der Luft sind die Sylphen. Sie haben ein menschenähnliches Aussehen und sind licht, zart und durchscheinend. Ihr Wesen ist geprägt von Schönheit, Zartheit, Sanftmut und Weisheit. Sie sind an allem interessiert und tragen das Licht des Geistes überallhin. Ihre Aufgabe ist es, die Luft mit Energie anzureichern, den Austausch in jeder Beziehung zu ermöglichen und neue Impulse zu setzen.

DAS ELEMENT WASSER – WASSER FLIESST

Ich stehe mit den Füßen im Wasser und schaue auf den Fluss, der heute ruhig, aber unaufhaltsam dahinfließt. Ich beobachte die Fischchen dabei, wie sie in ihrem Element sind. Langsam lasse ich mich hineingleiten und genieße die kühle Frische. Das Wasser strömt um mich herum und ich lasse los. Bereitwillig gebe ich mich dem Fluss des Lebens hin.

Qualität des Elementes Wasser

Wir bestehen zu 70 Prozent aus Wasser. Das Blut schlängelt sich in unserem fein verzweigten Adernetz wie die Flüsse auf der Erde. Das Meerwasser hat den gleichen Salzgehalt wie unser Blut und auch das Fruchtwasser. Und manchmal schaukeln wir auf den Wogen des Meeres wie im Mutterleib.

Das Meer ist der Ursprung allen Lebens. Es waren die Grünalgen im Meer, die dank ihres Chlorophylls begonnen haben, Fotosynthese zu betreiben. Mit dem produzierten Sauerstoff haben die Grünalgen eine Atmosphäre erzeugt, in der Leben außerhalb des Wassers erst möglich wurde. So konnten die ersten Lebewesen aus dem Wasser an Land gehen. Das Meer ist die Wiege allen Lebens.

»Wo Wasser ist, ist Leben.«

Wo Wasser ist, da ist das Überleben gesichert. Das gilt für alle Pflanzen, Tiere und natürlich auch uns Menschen. Deswegen empfinden wir bis heute noch Landschaften, durch die sich ein Fluss schlängelt oder in der eine in der Sonne glitzernde Wasseroberfläche liegt, als sehr wohltuend und angenehm. Wir können uns sofort richtig entspannen, weil wir instinktiv wissen, dass, wenn Wasser vorhanden ist, wir alles haben, was wir zum Leben brauchen.

Wasser belebt. Wenn jemand ohnmächtig geworden ist, hilft es direkt, etwas Wasser ins Gesicht zu schütten. Bei einem Schock reicht man sofort ein Glas Wasser, um wieder Leben in den Körper zu bringen. Die morgendliche Dusche weckt alle Lebensgeister genau wie an heißen Sommertagen ein Sprung in den kühlen See. Nach einer langen Wanderung die Füße in einen kalten Bach zu stellen, macht wieder munter.

Und auch das Trinken von lebendigem, reinem Wasser bringt die Lebensgeister wieder zurück, manchmal besser als eine Tasse Kaffee. Das Wasser, wie es nach der Behandlung im Wasserwerk und dem langen Weg, den es unter hohem Druck durch die Leitungen des Wassernetzes geflossen ist, hat stark von der natürlichen Lebendigkeit verloren. Natürliches Quellwasser ist durch viele kleine und größere Wirbel energetisiert. Und das schmeckt man auch, wenn man Quellwasser trinkt, im Vergleich zu Leitungswasser, das oft auch noch chemische Zusätze enthält. Um Wasser zu beleben, wird es durch entsprechende Geräte verwirbelt, damit es wieder die natürliche Struktur erhält. Lebendiges Wasser kann durch seine Struktur besser Stoffe aus dem Körper aufnehmen und ausleihen als »totes« Wasser aus der Leitung.

Naturerleben

Wasser im Wald

Es trieft und tropft, es rinnt und rauscht im Wald. Der anhaltende Regen hat alles durchfeuchtet. Das Moos an der Nordseite der alten Bäume hat sich vollgesogen zu einem dicken, grünen Pelz. Was nicht vom weichen Boden und den Moospolstern aufgenommen wurde, fließt in kleinen Strömen den Hang hinunter. Das Wasser sucht sich kreativ seinen Weg, umspült Hindernisse und glitzert hell in der Sonne. Es klingelt und gurgelt, springt über Steine und stürzt sich in kleinen Wasserfällen hinab. Hier und da hüpfen einzelne Wassertropfen übermütig in die Luft. Wie es so frei und unaufhaltsam fließt, ruft es mir fröhlich zu: Lass los!

Panta rhei – alles fließt

Wasser fließt von Natur aus ständig auch bei geringstem Gefälle. Es ist nicht aufzuhalten und findet seinen Weg durch kleinste Ritzen und

Kapillaren. Damit hat es eine große Gemeinsamkeit mit der Zeit: Wasser verrinnt genau wie die Zeit, die auch nicht stehen bleibt.

Wasser muss fließen, damit es frisch bleibt. Stehendes Wasser, wie zum Beispiel in Tümpeln oder unseren Regentonnen, verkeimt sehr schnell und wird moderig und faulig. Von einem gesunden Lebensmittel wird es so zur Keimquelle und zum Auslöser von Infektionskrankheiten.

Was für enorme Anstrengung es braucht, sich der fließenden Kraft des Wassers zu widersetzen, zeigt der Bau von Staudämmen. Meterdicke, riesige Mauern stauen das Wasser des Colorado auf, das dann die Turbinen antreibt für die Stromgewinnung. So nutzen wir die strömende Kraft des Wassers zur Energiegewinnung.

Die Griechen haben das Wasser als Vorbild genommen für das allumfassende Prinzip »panta rhei«, das bedeutet »Alles fließt«. Durch die Beobachtung des Wassers verstehen wir auf einer sehr tiefen Ebene, dass sich alles ständig verändert. Es ist nur eines beständig: der Wandel.

Daher kommt auch das Sprichwort:

»Du steigst nicht zweimal in den gleichen Fluss.«

Das Wasser fließt stetig an dir vorbei. Schon im nächsten Augenblick umgibt dich anderes Wasser. Du kannst den Fluss des Lebens nicht aufhalten, bereits im nächsten Moment ist der jetzige Augenblick vorbei.

Dein ganzes Leben verläuft wie ein Fluss. An der Quelle erblickt das Wasser das Licht der Welt, dann passiert der wachsende Fluss verschiedene Landschaftsabschnitte mit Wasserfällen, Stromschnellen und langsamen, ruhigen Phasen, bis er sich ins Meer ergießt und im großen Ozean aufgeht. So ist es auch mit deinem Leben: Am Anfang bist du noch klein und behütet, dann folgen wilde und turbulente Zeiten in deiner Jugend und im Laufe des Lebens wird es immer ruhiger und gemächlicher, bis sich deine Seele wieder im großen Ganzen auflöst.

Wenn du mit einer Situation in deinem Leben haderst, die dir eine Veränderung abverlangt, dann schaue dir einmal an, wie schwer sich zum Beispiel Wasservögel wie Enten oder Schwäne tun, flussaufwärts zu schwimmen. Auch ein im Fluss hängender Ast zeigt dir deutlich, wie viel Kraft dieser Widerstand braucht.

Klammere dich nicht länger fest und vergeude deine wertvolle Kraft.

»Lass los und vertraue dem Fluss des Lebens.«

Sei dir auch gewiss, dass nach einer Stromschnelle, bei der du beinahe an die Felsen geschmettert wirst, es wieder einen ruhigeren Abschnitt in deinem Leben geben wird.

Wenn du verstanden hast, dass du dich dem Fluss des Lebens nicht widersetzen kannst – oder nur unter allergrößten Kraftanstrengungen –, dann kannst du den Schwung des Fließens mitnehmen und dich davon unterstützen lassen, statt gegen den Strom zu schwimmen. Alles geht vorbei, die guten Zeiten wie die schlechten. Du kannst nichts festhalten und es kommt auch nichts zurück. Deswegen ist es besser, den Widerstand aufzugeben und dich dem Fluss des Lebens hinzugeben. Genieße die schönen Erlebnisse in jedem Moment voll und ganz, denn sie kommen nicht wieder. Und sei dir gewiss, wenn es gerade schwierig und unangenehm ist: Auch das geht ganz sicher vorbei.

Das Wasser hilft dir, aus der Stagnation in Fluss zu kommen. Wenn es richtig gut bei dir läuft, bist du »im Flow«. Alles ergibt sich leicht. Du schwimmst mit dem Strom, hast deine Widerstände aufgegeben und bist ganz in deinem Element.

Weich und stark zugleich

Wenn wir an Wasser denken, dann zumeist in seiner flüssigen Form, in der es bei uns hauptsächlich vorkommt. Aber Wasser ist extrem wandlungsfähig und kann seinen Aggregatzustand verändern und sowohl flüssig, fest als auch gasförmig werden. Es verdunstet an allen Oberflächen, steigt als gasförmiger Wasserdampf auf in den Himmel, wo es sich abkühlt und kondensiert. Als Regen kommt es zurück auf die Erde. Im ewigen Eis an den Polen und in den Gletschern bewahrt es seit Jahrtausenden Informationen auf und gibt uns wertvolle Informationen über die Lebensumstände zu der Zeit, als das Wasser zu Eis gefror.

Es gibt eine begrenzte Menge Wasser auf der Erde, die über den ganzen Planeten verteilt ist und dabei ständig ihre Form verändert. Es kann sein, dass das Wasser, das heute in deinen Adern fließt, vor Jahrmillionen Jahren als Gletschereis auf den Bergen lag, so wie das Wasser in der Tomate vor noch nicht allzu langer Zeit einmal in einer Wolke war, die vielleicht über einem fernen Kontinent entstanden ist und sich durch die Großwetterlage über deinem Garten abregnete.

Wasser nimmt jede beliebige Form an, in die du es gießt. Es gibt sich förmlich den äußeren Umständen hin. Oft bewegt es sich weich und fließend über seinen Untergrund, dann lässt es sich fröhlich aus großen und kleinen Höhen fallen, springt munter über die Steine, ergießt sich in einen See oder türmt sich zu Wellenbergen. Es fällt als sanfter Regen auf die Felder oder prasselt mit Wucht als Hagelschauer herunter.

Es ist weich und stark zugleich:

»Steter Tropfen höhlt den Stein.«

Was ist schon ein Tropfen auf dem heißen Stein! Aber wenn er über Tausende von Jahren an der gleichen Stelle herunterfällt, entstehen wie in den Tropfsteinhöhlen mächtige Stalagmiten und Stalaktiten. Das unterirdisch fließende Wasser hat große Höhlen ausgewaschen und die Flüsse und Gletscher haben über die Zeit tiefe Täler und Schluchten in die Landschaft geschnitten wie den Grand Canyon in USA oder die Verdonschlucht in Südfrankreich.

Wasser ist ausdauernd: Weich und fließend schleift es in aller Ruhe Ecken und Spitzen von Steinen rund, die es in Flussläufen umspült und mit jeder Welle des Meeres am Strand klingelnd hin und her bewegt.

Wasser kann sanft auf unsere Felder fallen, die Erde fruchtbar und das Moos grün machen. Es lässt sich einsperren in Betonbetten der Kanäle und Stauseen, aber wehe, wenn es über die Ufer tritt und die Dämme brechen! In kürzester Zeit können Regenfälle die Flüsse anschwellen lassen – dann ist kein Halten mehr.

Das Element Wasser stärkt den weiblichen Pol. Wir lieben es in seiner sanften, weichen, fließenden Art und wir fürchten es, wenn es über die Ufer tritt und nicht mehr zu halten ist.

Wasser ist nicht nur zum Waschen da

Wasser hat durch seine bipolare Molekülstruktur eine herausragende Eigenschaft: Es nimmt Stoffe sehr gut auf. Manche lösen sich vollkommen auf wie Zucker oder Salz. Unlösliche Stoffe werden von Oberflächen gelöst und schwimmen als Partikel darin.

Wasser reinigt aber nicht nur äußerlich Oberflächen vom Schmutz, sondern auch innerlich. Wenn wir ausreichend Wasser trinken, können die Nieren unser Blut reinigen und alle wasserlöslichen Giftstoffe ausscheiden. Viel gutes Wasser zu trinken, ist der Hauptbestandteil von Fasten- und Detoxkuren, um Schlackenstoffe auszuschwemmen.

Wasser ist das Heilmittel Nummer eins für viele Krankheiten, die durch Übersäuerung entstehen. Wenn wir den pH-Wert des Blutes wieder in Ordnung bringen, kann sich der gesamte Organismus regenerieren. Heilwässer haben besonders viele basische Mineralien, sodass der Effekt noch verstärkt wird. In vielen Kurorten gibt es Heilquellen. Allein durch die Trinkkuren und Bäder mit diesem Heilwasser können viele Krankheiten gelindert und die Gesundheit angeregt werden.

Pfarrer Sebastian Kneipp hat mit seinen kalten Güssen, Tretanlagen und anderen Wasseranwendungen viele Krankheiten behandelt, allein dadurch, dass die Durchblutung angeregt wurde und schädliche Stoffe besser aus dem Gewebe abtransportiert werden konnten. Noch heute sind die kalten Güsse, die Kneippbecken zum Wassertreten und Becken für Armbäder sehr beliebt.

Wasser reinigt und belebt nicht nur auf körperlicher Ebene. Deswegen ist es auch gut, am Abend zu duschen. Dadurch reinigst du dich auch auf der feinstofflichen Ebene von all den Eindrücken, die noch in deiner Aura festgehalten sind. So befreist du dich von den Geschehnissen des Tages und kannst von der Last erlöst schlafen.

Auch die Taufe ist ein Reinigungsritual, bei dem die Menschen ursprünglich ganz unter Wasser getaucht wurden und als neuer Mensch wieder auftauchten.

Wasser hat ein Erinnerungsvermögen

Wasser hat ein Gedächtnis. Jeder Stoff, der mal in Berührung mit Wasser kam, hinterlässt dort ein Schwingungsmuster, indem es sich in einer bestimmten Clusterstruktur anordnet. Auf diesem Prinzip beruht die Wirkungsweise der Homöopathie, bei der nachweislich kein Wirkstoffmolekül mehr enthalten ist, sehr wohl aber der energetische Abdruck, der noch viel wirksamer ist als der reine Stoff. Deswegen sind die hohen Potenzen, die stärker »verdünnt« sind, länger wirksam als niedrige Potenzen.

Zur Herstellung von arzneilich wirksamen Bachblüten (nach Edward Bach) werden die gerade voll entfalteten Blüten im direkten Umfeld der Pflanze auf reines Quellwasser gelegt, das der Sonne ausgesetzt wird. Wenn das Wasser nach einer Weile die Informationen der Pflanze aufgenommen hat, werden die Blüten entnommen und das Quellwasser weiter verdünnt bis zu den fertigen Bachblüten-Tropfen. Wasser nimmt also die Energie von beispielsweise Pflanzen auf und gibt sie an uns als Heilmittel weiter.

Wasser nimmt sogar die Energie von Worten auf, wie die Experimente des japanischen Wissenschaftlers Masaru Emoto zeigen. Dazu hat er Wasser auf ein mit einem Wort beschriebenes Blatt Papier gestellt und danach einen Tropfen eingefroren. Die Struktur des Kristalls zeigt sehr unterschiedliche Muster. Während das Wort LIEBE eine sehr geordnete und harmonische Kristallstruktur zeigt, sieht das Bild des Wassers, das die Energie des Wortes WUT aufgenommen hat, chaotisch aus. Da wir Menschen zu einem überwiegenden Anteil aus Wasser bestehen, ist es gut nachzuvollziehen, dass Beschimpfungen etwas anderes auf der energetischen Ebene mit uns machen als wertschätzende Äußerungen.

Seine Erkenntnisse sind vielfach beachtet und wiederholt worden. In seinem Buch *Die Botschaft des Wassers* sind auch die mikroskopischen Aufnahmen der Eiskristalle enthalten.

Gefühle frei fließen lassen

Das Element Wasser steht für unsere Gefühle, denn auch diese müssen uns durchfließen, damit sie nicht gestaut werden und dann oft noch Jahre später ihr Unheil anrichten. Alter Groll, schmerzhafte Erfahrungen oder tiefes Leid sind häufig die Ursache für Krankheiten, die dadurch entstehen, dass wir uns weigern, diese Gefühle herauszulassen. Wir wollen sie nicht fühlen und unterdrücken sie deswegen. Aber wenn wir sie einmal durch uns hindurchlaufen lassen, sind sie abgeflossen und machen uns keine Unannehmlichkeiten mehr. Also lass die Wogen ruhig mal hochschlagen, damit deine Gefühle in Schwung kommen und ausgedrückt werden. Unter der Wut liegt oft eine Traurigkeit, die wir nicht spüren wollen. Trauern ist nicht »in«, und damit können viele Menschen gar nicht umgehen. Also weg damit und wieder das fröhliche Gesicht aufgesetzt!

Aber irgendwann fangen diese gestauten Gefühle an zu stinken wie das Wasser in der Regentonne. Deswegen ist es besser, die Tränen fließen zu lassen, wenn du traurig bist, als sie zu verdrängen. Irgendwie fühlt man sich danach auch richtig gut. Die Traurigkeit ist ausgedrückt und ganz schnell kehrt die Lebensfreude wieder zurück.

Wasser unterstützt dich dabei, in deinen Trauerprozess zu kommen. Ein ausgedehnter Spaziergang im Regen erleichtert es dir mitzuweinen. Auch fließende Gewässer animieren dazu, dich deinen Gefühlen hinzugeben, die Mauern einzureißen und die Tränen frei fließen zu lassen.

Auch wenn Gefühle als emotionaler Ausdruck generell dem Wasser zugeordnet werden, hat die Traurigkeit eine besondere Stellung.

Menschen, die »nah am Wasser gebaut« sind, haben einen Hang zur Melancholie und nehmen den ganzen Weltschmerz in sich auf. Sie können stundenlang in der Badewanne liegen oder sich ihren Gefühlen hingeben.

Bei Wassermenschen fließen auch bei Gefühlen wie Enttäuschung, Schmerz oder Verzweiflung die Tränen schneller.

Der Clou ist, dass Trauer und Freude ganz nah beieinanderliegen. Wenn du deine Traurigkeit nicht fühlen möchtest, schneidest du dich ungewollt auch von der Freude ab. Es gibt nur »on« oder »off«, für alle Gefühle. Bloß die schönen Gefühle herauszupicken, funktioniert nicht.

So sind die Wasserwesen oft auch sehr fröhlich und lebenslustig. Wasser in seiner lebendigen, natürlichen Form springt über die Steine, rauscht schwungvoll und hüpft munter über jedes Hindernis.

Die Sternzeichen des Elementes Wasser

Fische, Krebs, Skorpion

Wasser steht für:

- Lebendigkeit, Flow, Loslassen, Gefühle, Hingabe, Anpassungsfähigkeit, Sanftmut
- Im Übermaß: Jammern, Formlosigkeit
- Wasser stärkt den weiblichen Pol.
- Die Farbe des Wassers ist Blau in allen Schattierungen bis Türkis.
- Zugeordneter Sinn: Hören

Wobei dir das Element Wasser hilft

Stagniert es gerade in deinem Leben? Wünschst du dir eine Veränderung? Das Wasser hilft dir, dich vertrauensvoll dem Fluss des Lebens hinzugeben. Stürze dich hinein in die Fluten deines Lebens, mach mit, schwimme mit dem Strom und nicht dagegen! Das Wasser hilft dir, den Ast, an den du dich verzweifelt klammerst, loszulassen.

Es umspült dich, es reinigt dich und wäscht von dir ab, was du lösen möchtest. Die frische, lebendige Energie bringt dir Erneuerung.

Auch wenn du merkst, dass du sehr beherrscht bist und starke Gefühle nicht an dich heranlässt, unterstützt dich die Energie des Wassers dabei, deine Gefühle frei fließen zu lassen.

Das Wasser stärkt auch deine Anpassungsfähigkeit und Wandlungsfähigkeit. Möchtest du ein bisschen weicher werden und dich in Hingabe üben, ist das Wasser jetzt dein Element.

Aber Achtung, wenn du ohnehin schon dazu neigst, die Form zu verlieren, du den Fokus nicht halten kannst und deine Aktivitäten schnell ausufern, dann solltest du lieber schauen, wie du deinem Leben mithilfe des Elementes Erde mehr Struktur verleihst.

Naturritual – Wasser

Die Qualität des Wassers ist die des Loslassens. Es hat die Fähigkeit, etwas aufzulösen wie einen Löffel Zucker im Tee. Wenn du also Verkrustetes, Altes lösen möchtest, dann nimm das Wasser zu Hilfe. Das kann eine Beziehung sein, die nicht mehr gut für dich ist, oder ein Job, der nicht mehr zu dir passt. Wenn du merkst, dass du daran festhältst, weil du Angst vor Veränderung hast, dann hilft dir das Wasser, loszulassen und dich vertrauensvoll dem Fluss des Lebens hinzugeben. Wenn du etwas nur schwer gehen lassen kannst, dann nimm das Wasser zu Hilfe. Es fließt dahin und präsentiert dir in jeder Minute neue Gelegenheiten. Lass das Alte gehen. Übergib das, was sich überholt hat, dem Wasser.

Loslassen

Du brauchst für das Ritual:

- nichts außer dir selbst und einen Fluss

1. Gehe hinaus in die Natur und spaziere an einem Fluss entlang. Wie groß der Fluss ist, spielt dabei überhaupt keine Rolle. Wichtig ist, dass er fließt.
2. Während du spazieren gehst, denke an das Thema, das du loslassen möchtest. Gehe nochmals ganz in das Gefühl des Festhaltens. Mach es dir bewusst, bis dein ganzer Körper davon erfüllt ist. Dabei kannst du dir bereits ein geeignetes Stöckchen suchen, nicht zu groß und nicht zu klein.
3. Wenn es an der Zeit dafür ist und du für eine Weile ungestört bist, bedanke dich für das, was dir der Mensch oder die Situa-

tion Gutes beschert hat, und dann puste all das in das Stöckchen hinein, was du loslassen möchtest. Stelle dir dabei vor, wie diese festgehaltene Energie wie ein grauer Schleier deinen Körper verlässt und nun von dem Stöckchen aufgenommen wird. Sprich laut aus: **»Ich danke für alles, was ich lernen durfte und was mir die Situation Gutes beschert hat (das kannst du auch konkret ausführen). Es ist genug. Ich lasse (hier konkret werden!) endgültig und voll und ganz los.«**

4. Dann wirf diesen Stock mit Schwung in den Fluss – vielleicht möchtest du das auch mit einem Ausruf unterstreichen, damit du dich auch wirklich von allem befreist.
5. Schau dem Stock nach, wie er langsam oder auch schnell davontreibt, bis du ihn nicht mehr sehen kannst. Das, was du losgelassen hast, ist verschwunden, aus deinem Sichtfeld und aus deinem Leben. Du bist frei!
6. Drehe dich nun um und schaue in die andere Richtung. Was wartet auf dich? Was kommt Neues auf dich zu? Du hast Platz geschaffen, der neu besetzt werden kann.

Vor allem wenn es dir schwerfällt, etwas loszulassen, weil es viele, unüberschaubare Folgen für dich hat, ist ein kraftvolles Ritual sehr wirkungsvoll. Du fasst einen Entschluss, sprichst ihn laut aus und spürst währenddessen nochmals alle deine Widerstände, aber ebenso auch die Befreiung. Halte diesen Moment ganz fest, damit du dich daran erinnern kannst, wenn doch noch einmal die Zweifel zurückkehren sollten. Nutze auch ganz bewusst die Gelegenheit, dich bereits auf das neue, noch nicht Sichtbare zu freuen, denn das erleichtert es dir, das Alte wirklich vollends loszulassen.

Daran erkennst du, dass dir das Element Wasser fehlt

Ein Mangel am Element Wasser kann sich in verschiedenen Bereichen des Lebens und auf unterschiedliche Weise äußern.

Körperlich

Du hast trockene Haut an den Lippen oder Händen oder auch am ganzen Körper. Dann hilft es, viel zu trinken, und zwar Wasser, das auch gut von deinen Zellen aufgenommen werden kann – lebendiges Wasser aus guten Quellen.
Vielleicht bist du auch übersäuert oder hast zu viele Schlackenstoffe angesammelt. Dann macht sich das in steifen Gelenken bemerkbar. Du solltest viel trinken, zudem sind Basenbäder und natürlich körperliche Betätigung angesagt, damit du wieder in Schwung und Bewegung kommst.

Mental

Es fließt nicht so richtig in deinem Leben. Du kommst nicht vorwärts. Stagnation macht sich breit, es fehlt die Lebendigkeit. Du fühlst dich auf dem Abstellgleis des Lebens. Es passiert nichts Neues, du bist im Trott gefangen und moderst so vor dich hin …
Energie muss fließen. Das kann in Form von Geld sein, das zu dir kommt und weitergegeben wird. »Taler, Taler, du musst wandern« heißt es in einem alten Kinderlied. Wenn nichts abfließt, kann auch nichts Neues zu dir kommen. Ständiges Sparen führt zu Mangel. Es fühlt sich so an, als hättest du nichts. Gib etwas Geld aus und bringe damit dein Energierad wieder in Schwung.

Energetisch

Dasselbe gilt auch für alles Angesammelte, das du nicht mehr regelmäßig benutzt. Alles, was nicht ständig mit deiner Energie durchströmt wird, indem du es in Gebrauch hast, sammelt Schwere an und wird energetisch trüb. Denke mal an deinen Kleiderschrank oder an all die Gläser, Teller und Tassen in deinen Schränken. Und wie sieht es auf dem Dachboden aus und in der Garage? Wo sammelt sich Staub und Krimskrams?

Sorge dafür, dass du alles, was du besitzt, auch in Benutzung hast, oder gib es weiter.

So stärkst du das Element Wasser in dir

Setze dich an einen Fluss, beobachte die Strömung, lausche dem Rauschen und Plätschern des Wassers oder genieße die Berührung des Regens auf deinem Gesicht. Spüre die Energie des Wasserelementes.

ÜBUNG 1: Gib dich dem Strom hin

Wenn du lange an einem Strom sitzt, wirst du ein Gefühl dafür bekommen, dass nicht nur das Wasser fließt, sondern auch die feinstoffliche Schicht entlang des Flusslaufs in Bewegung ist. Direkt über dem Fluss, aber auch an den Ufern wird alles durch das Strömen des Wassers mit der fließenden Energie gespült und dadurch gereinigt. Auch deine Aura wird dadurch gereinigt, dass du dich einfach am Flussufer aufhältst. Noch stärker ist diese Energie auf einer Brücke zu spüren. Sie ist umso stärker, je größer der Fluss ist beziehungsweise je mehr Wasser er führt.

- Finde einen Platz am Ufer oder auf einer Brücke und schaue zu, wie das Wasser fließt. Vielleicht kannst du beobachten, wie sich Wasserpflanzen darin schlängeln oder wie kleine Stöckchen, Gräser oder Blätter vom Fluss fortgetragen werden und an dir vorbeiziehen.
- Stelle dir nun vor, wie sich die Strömung des Wassers auch über und neben dem Wasserlauf auswirkt. Lasse dich von der unsichtbaren Strömung umfließen und deine Aura reinigen. Wenn du magst, kannst du deine Arme ausbreiten, sodass alles umspült wird.

- Mit jedem Atemzug entspannst du dich mehr und lässt alle Anspannung los. Lass deine Zurückhaltung los. Hier ist Platz dafür, alles herauszulassen, was gefühlt werden möchte. Gibt es etwas, über das du im Laufe des Tages hinweggegangen bist, das dich aber nachträglich noch beschäftigt? Ein Satz, ein Verhalten, eine Begebenheit, auf die du nicht so reagiert hast, wie du es eigentlich wolltest?
- Bedanke dich bei dem Wasser, dass es alles mitgenommen hat, was dir nicht mehr dienlich ist – auch wenn du gar nicht in Worte fassen kannst, was es war –, und dass es deine Gefühle in Bewegung gebracht hat.

Noch intensiver ist die Kraft der Reinigung, wenn du direkt in einen Fluss eintauchst, ganz oder auch nur mit den Füßen. Dann spürst du die Strömung unmittelbar auf deiner Haut.

ÜBUNG 2: Der Wassermusik lauschen

Wasser spricht ganz besonders unseren Hörsinn an. Es macht sich durch leises Plätschern, starkes Rauschen und alle möglichen Variationen bemerkbar, wie Georg Friedrich Händel es in der *Wassermusik* eingefangen hat.

- Finde einen Platz an einem Fluss, der geräuschvoll fließt. Ein Fluss hat oft verschiedene Abschnitte, mal fließt er ruhig und kaum hörbar dahin, mal ist er so flach, dass das Wasser klingt, wenn es über die Steine fließt.
- Schließe die Augen und konzentriere dich ganz auf das Hören. Lausche den tiefen und den hellen Tönen, dem gleichmäßigen Rauschen und dem Gluckern an der Uferseite, dem hellen Klingeln an den Steinen weiter oben.

- Noch intensiver kannst du die Wassermusik differenzieren, wenn du die Hände wie Schalen hinter deine Ohren legst. Probiere es mal aus, du wirst erstaunt sein! Drehe nun deinen Kopf langsam von links nach rechts, um alle Variationen wahrzunehmen.

Wie Wasser klingt, kannst du im Laufe des Tages bei ganz verschiedenen Gelegenheiten hören. Ein Brunnen in der Stadt, ein Wasserlauf auf dem Firmengelände, Regentropfen in den Pfützen oder auf dem Blätterdach der Bäume, ein Zimmerbrunnen. Das leise Plätschern beruhigt und wird ebenso wie Regengeräusche auch gerne als Meditationsmusik verwendet.

ÜBUNG 3: Regen bringt Segen

Wir sind so gepolt, dass wir zusammenzucken, wenn die Wettervorhersage Regen ankündigt. Stimmt, bei Regen ist es nass und matschig und kalt. Seit der Erfindung des Regenschirms vermeiden wir, wenn irgend möglich, die direkte Berührung des Regens. Warum nicht mal

ganz bewusst den Regen genießen, nicht nur unter der sehr in Mode gekommenen Regendusche?

- Wenn es das nächste Mal regnet und du es einrichten kannst, dann lasse mal den Regenschirm zu Hause und gehe in die Natur.
- Wenn es warm genug dafür ist, lasse zu, dass die Regentropfen sacht und zärtlich deinen Kopf berühren. Wie fühlt sich das an? Vielleicht magst du auch nach oben schauen und die Regentropfen auf deinem Gesicht spüren.
- Beobachte, wie die Pflanzen ganz entspannt und hingebungsvoll die Regentropfen genießen. Wenn es lange genug geregnet hat, rollen dicke Tropfen über die Blätter und fallen zu Boden. Lasse auch du die Ereignisse des Tages einfach von dir abtropfen.
- Lausche den Tropfen, wie sie auf die Blätter, den Boden, das Dach fallen. Wie unterschiedlich hört sich das an? Da klingt das leise Ping auf den Blättern zusammen mit dem Plopp, wenn die dicken Tropfen auf den Boden fallen – und ab und zu ein Plitsch oder Platsch, wenn sie in eine Pfütze fallen.
- Atme die frische, feuchte Luft ein! Was für eine Wohltat für deine Bronchien! Und wie gut das riecht!

Wie wertvoll der Regen ist, haben wir in den trockenen Sommern kennengelernt, als die Bäume sogar gelitten haben. Ohne Regen gibt es keine Ernte, denn wir können zwar einzelne Beete, aber nicht ganze Landstriche bewässern. Das Gefühl dafür, wie segensreich das kühle Nass von oben ist, können wir bei einem Spaziergang im Regen wieder kultivieren.

Was du noch tun kannst, um dich mit dem Wasser zu verbinden

- **Viel lebendiges Quellwasser trinken**
  Wasser von innen belebt und erfrischt! Wenn wir zu wenig reines Wasser trinken, ist unser Flüssigkeitshaushalt gestört. Das Gehirn verdorrt sozusagen und ist nicht so leistungsfähig.
- **Ausgiebig baden**
  Eine Badewanne ist großartig, um einmal ganz ins Wasser einzutauchen. Wenn du dabei noch den Kopf so weit unter Wasser tauchst, dass deine Ohren bedeckt sind, hörst du deinen eigenen Herzschlag.
- **Tauchen oder schnorcheln**
  Die Unterwasserwelt ist einzigartig und wunderschön! Sie strahlt für mich sehr viel Frieden aus.
- **Schwimmen gehen**
  Was gibt es Schöneres, als im Sommer in einen See zu springen und kräftig mit den Füßen das Wasser in Bewegung zu bringen und ordentlich zu planschen?!
- **Eine Therme besuchen**
  Auch in kälteren Jahreszeiten musst du nicht auf das wohlige Bad verzichten. Lasse dich tragen, mit einer Schwimmnudel unter den Armen, vielleicht sogar in einem Solebecken, und genieße das weiche, warme Wasser.
- **Eine Regendusche benutzen**
  Auch eine ganz gewöhnliche Dusche verbindet dich intensiv mit dem Wasser. Genieße die Berührung der Tropfen auf dem Kopf und auf der Haut.
- **Ans Meer oder an einen See fahren**
  Allein Wasser zu sehen macht glücklich! Wenn sich die Sonne auch noch glitzernd darauf spiegelt, ist der Tag perfekt. Schaue hinein: Kannst du den Boden sehen? Oder dein Spiegelbild? Wechsle hin und her zwischen dem Blick auf den Grund und in den Spiegel.

- **Fotos von Meer, Wellen oder einem See aufhängen**
  So umgibst du dich täglich mit den Eindrücken von natürlichem Wasser und bringst die Erinnerung an das Erleben am Wasser unterbewusst zum Klingen.
- **Die Farbe Blau in dein Leben holen**
  Nicht umsonst werden Badezimmer oft mit blauen Badematten, Handtüchern oder Accessoires gestaltet. Das verstärkt das Wasserelement (nicht unbedingt im Wohn- oder Schlafzimmer zu empfehlen).
- **Einen Zimmerbrunnen installieren**
  Das leise Plätschern beruhigt und schafft eine natürliche Geräuschkulisse.
- **Entspannungsmusik »Regen« hören**
  Das beliebteste Naturgeräusch zur Entspannung und zum Einschlafen ist Regen! Ich freue mich, wenn's abends regnet und ich beim Einschlafen den Regentropfen zuhören kann.

Affirmationen:

»Ich vertraue dem Fluss des Lebens.

Ich lasse los.

Ich übe mich in Hingabe.«

Kraftorte – Wasser

Wenn du dich ganz tief mit dem Wasser verbinden möchtest, suche einen Kraftort am Wasser auf. Davon gibt es sehr, sehr viele große und kleine – überall dort, wo du natürliches Wasser antriffst. Je nachdem, in welcher Form das Wasser auftritt, ist auch seine Energie anders.

Mache dir zunächst einmal bewusst, wo du in deiner unmittelbaren Wohnumgebung natürliches Wasser findest. Das kann ein kleiner Bach oder Tümpel im Wald sein, aber auch der Fluss, der durch deine Stadt fließt. Am leichtesten zu benennen sind vermutlich Seen, vom Löschteich bis hin zu Badeseen und Ausgleichsflächen für Überschwemmungen, Auenlandschaften oder Altarme von großen Flüssen. Etwas versteckter, aber unwahrscheinlich kraftvoll, sind Quellen.

Am Fluss

Nirgendwo kannst du dich besser mit dem Fließen verbinden als an einem Fluss. Setze dich ans Ufer und schaue dem Treiben zu. Wo wirbelt das Wasser, wenn du die glatte Oberfläche genau anschaust? Vielleicht treibt ein Stück Holz oder ein Blatt auf dem Fluss und zeigt dir an, wie schnell das Wasser fließt. Wenn du »deinen« Fluss regelmäßig besuchst, wirst du die Unterschiede über die Jahreszeiten hinweg deutlich wahrnehmen. Das Wasser fließt immer, manchmal langsamer, manchmal schneller. So kann sich ein lieblicher Flusslauf im Frühjahr zu einem reißenden, tosenden Strom verwandeln.

In der Tradition der Andenschamanen werden alle Menschen bei ihrer Geburt ihren Eltern in der Natur vorgestellt, die ein Leben lang auf sie aufpassen: Der Vater ist ein Berg, die Mutter ein Fluss. Du kannst aber auch ohne ein schamanisches Ritual eine intensive Beziehung zu einem Fluss aufbauen. Ich habe manchmal das Gefühl, wenn ich an meinem Lieblingsfluss stehe und mich mit all meinem Empfinden auf »sie« einlasse, dass ich mein Herz in »ihr« bade. Ich lasse mich emotional berühren, ich tauche ein, ich werde umspült und liebevoll gereinigt.

Die meisten Flüsse in Europa sind eingefasst, ihre Ufer begradigt, ihr Bett manchmal sogar betoniert. Das Spiel aus größeren und kleineren Wirbeln wird beeinflusst, die Ufer sind nicht flach und die Uferzone mit Wasserpflanzen bewachsen, die von der Mücke bis zum Reiher den Tieren am Fluss einen Lebensraum bieten. Vielleicht spürst du es auch, wenn du an einem begradigten Fluss sitzt, wie eingeengt sich das anfühlt. Wir sperren das Leben spendende und wirbelnde Wasser ein. Ebenso wie wir unsere Gefühle, unsere Vitalität in geordnete Bahnen lenken und sie ihrer Wildheit berauben. Möchtest du die ursprüngliche, wilde Kraft des Wassers erleben, dann suche dir einen Bachlauf, der ein freies, unbegrenztes Wesen hat und frei fließen kann.

An einem kleineren Bachlauf spürst du deutlich die Lebendigkeit des Wassers, auch deshalb, weil noch nicht so viel Wasser zu einem mächtigen Strom verschmolzen ist. Es springt und poltert, murmelt und gluckst. Wenn du dich an einem plätschernden Bach niederlässt und ganz entspannt hineinlauschst in diese vielschichtige Wassermusik, dann werden alle deine Sinne belebt.
Du kannst mit dem Wasser spielen und deine Hände in das fließende Wasser hineinhalten. Eine Handvoll Wasser in die Luft werfen, vielleicht sogar über dich selbst, und dich selbst reinigen und segnen. Wenn die Witterung es zulässt, ist es wunderbar, sich mit den nackten Füßen in das fließende, oft sehr kalte Wasser zu stellen. Es geht nicht anders: Du wirst erfrischt und belebt von einem Bachbesuch zurückkommen.

Kinder versuchen immer, einen Damm mit großen und kleinen Steinen zu bauen, um das Wasser zu stauen. Dabei machen sie unwillkürlich die Erfahrung, welch Kraftaufwand nötig ist, um das Fließen aufzuhalten. Probiere es ruhig auch einmal wieder aus! Gelingt es dir, alle Lücken zu stopfen und das Wasser in einem kleinen Becken zu sammeln? Wie fühlt es sich an, wenn sich das angestaute Wasser dann in einem Schwall ergießt, wenn du den Damm auflöst?

So geht es auch mit deinen Gefühlen, die du krampfhaft versuchst unter dem Deckel zu halten. Dafür ist eine ungeheure Kraftanstrengung nötig. Und irgendwann ergießen sie sich doch und werden zu einem Gefühlsausbruch. Also doch besser gleich frisch und frei fließen lassen!

Ganz besonders belebend ist ein Gebirgsbach im Frühling. Das eiskalte Wasser rauscht polternd das Gefälle hinab und schleudert viele Tropfen in die Höhe. Was für eine Wildheit darin steckt! Übermütig springt und spritzt das frische, vollkommen reine und jungfräuliche Wasser über die spitzen Steine und bildet kleine Wasserfälle, die von den größeren Felsbrocken herunterfallen.

Setze dich eine Weile an so einen wilden Bach und lasse dich von der Fröhlichkeit und Wildheit der hüpfenden Tropfen mitreißen!

Am Wasserfall

An einem Wasserfall kann es lautstark zugehen. Die eben noch ruhig dahinfließenden Wassermassen verwandeln sich in ohrenbetäubendes Tosen. Das Wasser fällt in Tausenden von Tropfen und Strömen durch die Luft und trifft mit Schwung in den unteren Flusslauf. Dabei wird jede Menge Luft eingetragen, es wirbelt und schäumt.

Ein Wasserfall hat die stärkste reinigende Kraft von allen natürlichen Gewässern. Im Nahbereich wird durch den Aufprall ein fein verstäubtes, hochkonzentriertes, lungengängiges Aerosol mit überwiegend ne-

gativen Ionen verteilt, die in einem feinen Wasserstaub vom Wasserfall weggetrieben werden. Diese Tröpfchen sind so klein, dass sie in die feinsten Lungenverästelungen eindringen können und diese reinigen.

Selbst wenn du dich also nicht direkt unter den Wasserfall stellst, was ja selten möglich ist, wirst du förmlich geduscht und aller Stress ist wie weggewaschen.

Am See

Ganz anders verhält sich die Energie an einem See. Hier fließt das Wasser nicht oder nicht stark. Im Idealfall hat ein See einen Zu- und Abfluss, damit das Wasser ausgetauscht wird und frisches, kühles, mit Sauerstoff angereichertes Wasser zufließt. Das Strömen ist jedoch kaum spürbar und steht also auch nicht im Vordergrund.

Ein See ist genau der richtige Kraftort für dich, wenn du Ruhe suchst. Wenn es windstill ist, liegt die Oberfläche glatt da und spiegelt das umliegende Ufer mit seinem Bewuchs und auch den Himmel mit seinen Wolkenbildern wider. Was siehst du, wenn du in diesen Spiegel schaust? Durch die veränderten Lichtverhältnisse kannst du auf der glatten Wasseroberfläche andere Dinge erkennen als beim direkten Blick in den Himmel. Lass deinen Blick einfach verträumt ruhen.

Ein See ist der perfekte Ort zur Reflexion, wenn du über etwas ganz in Ruhe nachsinnen möchtest. Es verändert vielleicht deinen Blick. Du siehst die eine Seite und die andere Seite. Umrunde in aller Ruhe einen See und werfe einen Blick aus allen Richtungen auf dein Thema. Bleibe immer wieder stehen und schaue. Vielleicht erkennst du auch dein eigenes Spiegelbild in dem ruhigen Uferwasser. Und wenn du an einem flachen Teil des Sees bist, kannst du sogar hineinschauen und den Grund erkennen.

»Stille Wasser sind tief.«

In der Meditation stellen wir uns oft eine glatte, ruhige Wasseroberfläche vor, um unseren Geist zu beruhigen und die Gedanken zu verlangsamen. Genau das passiert natürlich auch, wenn du dich an einem Seeufer niederlässt und auf das stille Wasser blickst. Es breitet sich eine tiefe Ruhe in dir aus. Die gekräuselte Oberfläche deines Alltags wird immer glatter und du schaust hindurch bis auf den Grund deiner Seele. Für eine meditative Betrachtung eignet sich jede Wasseroberfläche. Interessant ist es auch zu beobachten, wie sich das Wasser kräuselt, wenn eine kleine Bö über das Wasser streicht. Wenn du magst, kannst du auch einen kleinen Stein ins Wasser werfen und den sich ausbreitenden, konzentrischen Kreisen nachschauen. Welche Impulse und wie viele bekommst du in deinem Alltag? Wie stark wird deine Wasseroberfläche im Verlauf des Tages in Wellen versetzt? Wann hast du ruhige, glatte Phasen?

Wenn du dich mit dem Wesen eines Sees verbinden möchtest, dann rate ich dir, einen möglichst natürlichen See aufzusuchen. Baggerseen oder Stauseen haben noch keine allzu lange Geschichte und das Wesen des Sees bildet sich erst heraus. Oft müssen die Wunden der Zerstörung auch erst überwunden werden, denn das angestaute Wasser hat ja bis dahin intakte Landschaft überflutet und vernichtet. Außerdem wird das Wasser seines natürlichen Flusses beraubt. Auch bei Kiesgruben ist die gesamte oberste Landschicht entfernt worden und aus dem Bauch der Erde der Sand herausgeholt worden. Die Erde verkraftet das alles, keine Frage. In den meisten Fällen ist nach wenigen Jahren eine neue Uferbewachsung entstanden, es haben sich Fische und Vögel angesiedelt. Dennoch sieht man es den Wasserflächen an, dass sie keine natürlichen Uferzonen haben, sondern meistens steil abfallende Hänge. Und natürlich braucht es eine Weile, bis sich die Naturwesen wieder ansiedeln und der See als Ganzes ein eigenes Wesen entwickelt. Es ist nicht zu vergleichen mit einem alten, uralten Wesen wie zum Beispiel dem des Bodensees oder dem Blautopf in Blaubeuren (Baden-Württemberg). Der Bodensee ist perfekt in die Landschaft eingeschmiegt, hat einen Zufluss mit wunderbar frischem und lebendigem Wasser aus den Bergen. Geprägt von dem Wesen des Wassers und der umliegenden Berge, ist die Gegend um den Bodensee sehr hoch schwingend und man hält sich gerne dort auf, um sich mit guter Energie aufzuladen. Das Wesen des Bodensees ist zugleich mächtig und unberechenbar, wenn etwa das Wetter umschlägt und plötzlicher Sturm die riesige Wasseroberfläche aufschäumt und für Segler und andere Boote zu einem gefährlichen Ort macht.

An der Quelle

Quellen sind im Vergleich zu einem Fluss oder dem Meer unscheinbare, aber sehr kraftvolle Orte. An diesen räumlich sehr kleinen Stellen tritt Wasser aus der Erde ans Licht, das seit vielen Tausenden von

Jahren an einer ganz anderen Stelle im Erdboden versickert ist, durch viele Gesteinsschichten hindurch gefiltert und geleitet wurde und nun wieder zurück an die Oberfläche kommt. Oft sind Quellen schon seit langer Zeit bekannt und werden verehrt. Sie enthalten teilweise besondere Mineralien, die sie zu Heilquellen machen. Unsere in Flaschen abgefüllten Mineralwässer stammen aus solchen Quellen.

Ganz besondere Ehre und Huldigung erfahren Quellen wie in Lourdes, zu der jährlich Hunderttausende von Menschen pilgern, dort beten und das heilige Wasser trinken. Mancherorts gibt es Quellen, die eine besondere Heileigenschaft haben oder auch dazu verhelfen, schwanger zu werden. An Quellen finden wir deswegen sehr häufig Kapellen und manchmal ganze Ortschaften, die sich dort angesiedelt haben und nach der Quelle benannt wurden, wie zum Beispiel Mariabrunn oder Heiligenborn.

Unabhängig von der Verehrung der Quellen in christlichen und vorchristlichen Zeiten, sind diese Austrittspforten für das Wasser uralt und haben den Platz geprägt. Jede Quelle hat ein Schutzwesen und eine*n Hüter*in des Platzes. Das Wasser aus Quellen ist besonders rein.

Wenn du eine Quelle besuchst, dann stelle dir einmal vor, seit wie vielen Jahren hier bereits das Wasser ununterbrochen aus der Erde hervorquillt und sich in mehr oder minder breiten Strömen ergießt. An einer Quelle kannst du dich laben und mit dem Ursprung verbinden.

Wenn wir von Gott sprechen, dann meinen wir oft damit die »Quelle allen Seins«, die Instanz, die alles hervorbringt, sozusagen aus dem Nichts. An einer Quelle verbindest du dich mit deiner Schöpferkraft und lässt sie fließen. Sie steht für die ständige Erneuerung und Reinheit, auch im Sinne einer Unverfälschtheit. Gehe also auch du zurück zu deiner Quelle, zu deinem Ursprung, zu deinem unverfälschten, authentischen Sein und fülle dich mit der reinen Energie des Universums, damit das durch dich entstehen mag, was du dir in der geistigen Welt vorgenommen hast.

Die Quelle steht ebenso als Sinnbild für die Schale, die aus sich selbst heraus gespeist wird, bis sie überfließt. Auch hier gibt es das Bild Gottes, aus dessen Quelle unaufhörlich Liebe fließt, die deine Schale füllt, sodass du sie weitergeben kannst. Mir gefällt daran vor allem das Bild, dass du zunächst deine Schale füllen darfst (und solltest), bis sie so weit gefüllt ist, dass sie überfließt. So sorgst du erst gut für dich selbst und kannst ganz ohne Erwartungen oder Bedürfnisse das, was du übrig hast, voller Freude weitergeben. Solange du in der Verbindung zur göttlichen Quelle bist, musst du keine Angst haben, dass deine Schale leer wird. Sinnbild dafür sind Kaskadenbrunnen, die in jeder Stadt zu finden sind.

Aber auch ohne die Vorstellung der göttlichen Quelle kannst du das Bild verwenden, um dich immer wieder zu erneuern und Kraft zu schöpfen, bevor du dich verströmst.

An einer Quelle wird das Wasser geboren. Es ist jungfräulich und rein. Dies mag auch der Grund dafür sein, warum Frauen früher zu Lichtmess am 2. Februar, dem Fest der Göttin Brigid, an eine Quelle gingen und dort badeten, um alle Beschmutzungen abzuwaschen und sich wieder jungfräulich und rein zu fühlen.

Lasse dich an einer Quelle mit frischem Geist anfüllen, bis du überquillst davon und alles Unreine fortgewaschen wurde. Aus einer Quelle zu trinken, kann ein wahrer Jungbrunnen für dich sein. Bedenke, dass unser Leben ebenso wie das Wasser verläuft, von der Geburt bis zum Aufgehen im großen Ganzen: Aus der Quelle wird ein junger, fröhlicher Bach und dann ein immer ruhiger fließender Fluss bis zur Mündung ins Meer.

Am Meer

Das Meer ist mit Abstand die größte Wasserfläche auf unserem blauen Planeten. Fast alle Menschen sind fasziniert vom Meer und freuen sich einmal im Jahr auf einen Urlaub am Meer. Das Wasser strahlt in allen Blautönen von Ultramarin über Kobaltblau bis hin zu Türkis.

Die Wellen heben und senken sich, du wirst sanft geschaukelt wie im Mutterleib. Sie rollen an den Strand mit immer gleichem Rauschen oder Plätschern. Die Sonne spiegelt ein helles Wellenmuster auf der unendlichen Wasserfläche und auch der Sand hat wellenförmige Muster.

Das salzige Meerwasser entspricht mit seinem Salzgehalt unseren Körperflüssigkeiten. Es ist also am meisten von allen vorkommenden Wässern wie unser Blut.

Hier sehen wir auch sehr deutlich, welchen Einfluss der Stand des Mondes mit Ebbe und Flut auf das Wasser hat. Ebenso wirkt der Mond auf unsere Körperflüssigkeiten und den ganzen Körper. Deswegen sind alle entwässernden und entgiftenden Kuren zum Beispiel bei abnehmendem Mond am wirksamsten.

Das Meer hat auch den gleichen Salzgehalt wie unser Fruchtwasser. Früher haben Frauen in warmen Gegenden wie in Hawaii ihre Kinder leichter im Meer geboren, weil die Wellen sie mit ihrem Kommen und Gehen bei den Wehen unterstützt haben.

Auch ohne zu gebären, kannst du dich mit den Wogen des Meeres verbinden. Es ist ein ständiges Auf und Ab. Lerne, wie ein Korken auf den Wogen des Meeres zu tanzen. Nach jedem Tief kommt ein Hoch – das lehrt uns das Meer mit seiner stetigen Brandung und den Wellenbewegungen.

Das Meer ist so riesig, dass du das Ende am Horizont nicht erkennen kannst. Hier verschmelzen Himmel und Wasser an einer Linie. Je nach Wolkenbild ist manchmal gar kein Übergang als klare Linie zu sehen. Wenn du an diesem riesigen Ozean voller Wasser stehst, bist du der Urgewalt von »Mama Cocha«, der Mutter allen Wassers, ganz nah. Wie klein bist du doch im Vergleich zu diesen gewaltigen Wassermassen, deren Ende du nicht einmal erahnen kannst! Da werden Probleme, die du bis vor Kurzem noch für gewaltig und unlösbar hieltest, plötzlich ganz klein. Das Meer konfrontiert dich mit deiner Winzigkeit und mit deinem beschränkten, kurzen Leben in diesem Körper. In der spirituellen Welt stellt man sich die Seelen, die auf diese Erde kommen, wie Wassertropfen vor, die aus einem riesigen Ozean stammen. Nach dem Übergang nach Hause in die geistige Welt verschmelzen die einzelnen Wassertropfen wieder im großen Meer aller Seelen.

Die Vorstellung, dass ich ein klitzekleiner Teil des großen Ganzen bin, lässt mich das Meer mit großer Ehrfurcht betrachten und das aufgeblasene Ego fällt in sich zusammen.

Am Meer bist du mit der nackten Wahrheit konfrontiert. Sämtliche Masken und Spielereien werden beim Schauen in das Antlitz von »Mama Cocha« enttarnt.

An Übergängen von Landschaften oder gar Elementen ist das Gebiet besonders aufgeladen. Am Strand kommt die Lebenskraft des Wassers mit der Lebenskraft des Landes zusammen. Diese beiden Energieströme schieben sich übereinander oder türmen sich gar auf.

Deswegen herrscht am Strand immer eine hohe Energie, mit der du dich aufladen kannst, wenn du dich ausgelaugt fühlst. Ein ausgedehnter Strandspaziergang barfuß am Meer verbindet dich nicht nur mit dem Wasser, sondern zugleich mit der Erde unter dir, dem Wind um dich herum und oft auch der Sonne und dem strahlend hellen Licht. Hier sind alle Elemente in einer ungeheuren Kraft vorhanden. Drei Tage am Meer – und du bist wieder komplett durchgespült und aufgetankt.

Aber bedenke: In Gegenden, wo das Meer mit Wucht auf steile Klippen trifft, kann die tosende Brandung für manche schwer auszuhalten sein.

Naturerleben

Ein Bad im Meer

Das Wasser ist hell und klar, kleine Wellen plätschern an den Strand und haben ein Wellenmuster auf dem Meeresgrund hinterlassen. Blau, soweit das Auge reicht. Langsam gehe ich weiter ins Wasser und spüre ganz genau, wie mein Körper Zentimeter für Zentimeter eintaucht und das Wasser mich aufnimmt. Mein Körper wird immer leichter, bis ich ganz hineingleite und mit nur wenigen Armbewegungen vom Meer getragen werde. Die kleinen Wellen klingeln und gurgeln um meine Schultern. Ich schwimme ein Stückchen hinaus, bis das bunte Treiben am Strand verschwunden ist. Ich bin eins mit dem Wasser, das mich trägt und mich mit jeder Welle ein klein wenig anhebt und wieder absenkt.

Ich schließe die Augen und spüre die Sonne in meinem Gesicht. Die kleinen Wellen klimpern leise an meinen Ohren. Ich beobachte, wie der Wind mit dem Wasser spielt und kleine und große Wellen macht. Auch die Sonne spielt mit dem Wasser: Überall glitzert und blinkt es. Und dann merke ich, wie Wasser, Wind und Sonne mit *mir* spielen, und fühle mich reich beschenkt.

Zugehörige Pflanzen

Das Leben spendende Element Wasser zeigt sich in Pflanzen, die am Ufer stehen oder auf feuchten Böden wachsen.

Bäume

Weide

Weiden stehen gerne am Wasser, auch wenn es mal hochsteigt – nasse Füße machen ihnen nichts aus. Im Gegenteil! Sobald ein Ast abbricht, selbst wenn es ein dicker, alter und morscher Hauptast ist, wachsen aus dem »toten« Holz ganz schnell wieder neue zarte Zweige senkrecht nach oben. Es ist nahezu unmöglich, dass eine Weide in der Natur komplett abstirbt, solange Wasser da ist. Auch die einjährigen, sehr flexiblen Zweige, aus denen die Weidenkörbe geflochten werden, treiben sofort aus, wenn du sie ins Wasser stellst. Deswegen kannst du aus diesen dünnen Weidenzweigen auch recht schnell einen grünenden Zaun bauen, indem du sie einfach in die lockere Erde steckst.

Eine besonders gut zum Element Wasser passende Unterart ist die Trauerweide. Wenn durch ihre langen Zweige, die manchmal bis auf den Boden reichen, der Wind weht, schlängeln sie sich wie Wasserpflanzen im Fluss.

Erle

Schon von Weitem, längst bevor du das Wasser siehst, kannst du einen Bachlauf an den Erlen erkennen, die ihn säumen. Die Erle steht gern mit ihren Wurzeln direkt im Wasser. Ihr Herzwurzelsystem ist in der Lage, selbst durch tiefe Erdschichten zu dringen und dort zu atmen.

Dafür bildet der Stamm in der Borke über der Erde sogenannte Lentizellen. Durch die darunterliegenden Luftkanäle versorgt die Erle die tiefen Wurzeln wie durch einen Schnorchel mit dem lebenswichtigen Kohlendioxid.

Ihr wasserbeständiges Holz wurde für Pfahlbauten unter anderem in Venedig und Amsterdam verwendet.

Kräuter

Minze

Die Minze ist eine Pflanze mit sehr vielen Unterarten, die sich durch verschiedene Kreuzungen leicht untereinander mischen, sodass immer wieder neue Geschmacksvarianten mit anderen Zusammensetzungen des ätherischen Öls entstehen. Von der Schokoladenminze über Orangenminze bis hin zur klassischen Pfefferminze gibt es inzwischen unzählige Sorten: so wie auch das Wasser der Flüsse, die ineinanderfließen.

Sie liebt feuchte Ufer und nasse Wiesen, dann ist sie in ihrem Element, auch wenn sie in unserem Garten fast überall gedeiht. Sie vermehrt sich über Wurzelausläufer, die sich durch den feuchten, lockeren Boden sehr gut verbreiten.

Aber nicht nur ihr Standort gibt einen Hinweis auf ihre Nähe zum Wasser. Das Minzöl mit einem hohen Anteil an Menthol hat eine kühlende Wirkung, die wir uns bei Kopfschmerzen durch das Auftragen eines Minzrollers an den Schläfen zunutze machen.

Ein Zweig Pfefferminze, natürlichem Quellwasser zugesetzt, verleiht dem Wasser noch mehr Frische.

Frauenmantel

Diese Pflanze *(Alchemilla vulgaris)* ist der Alchemist unter den Pflanzen. Sie schafft es, das Wasser über ihre Wurzeln aufzunehmen und an den Blatträndern wieder auszuscheiden. In den frühen Morgenstunden werden die Blätter also durch die wie Diamanten glitzernden Wassertröpfchen an den Blättern verzaubert. Diese Tröpfchen, vielleicht ist auch ein bisschen eingesammelter Morgentau dabei, laufen in der Mitte dieser wie ein gefalteter Trichter geformten Blätter zusammen und bilden dort einen großen, schimmernden Tropfen. Durch die Form der Blätter und die wasserabweisenden Härchen auf der Blattoberseite präsentiert der Frauenmantel das Wasser in einer ganz besonders hübschen Form – wie einen Diamanten, der im Licht glitzert.

Der Frauenmantel ist eine ausgesprochen vielseitige Heilpflanze für alle Frauenleiden, so wie das Wasser als weibliches Element auch vor allem der weiblichen Seite der Seele guttut.

Naturwesen – Wasser

Nymphen sind anmutige weibliche Naturwesen, die sich um das Wasser, insbesondere das Süßwasser, auf jede Art und in jeder Form kümmern. Sie tanzen über unterirdischen Quellen, leben entlang der Flussufer, regeln den Wasserhaushalt der Bäume, hüten das Wasser in den Tiefen der Berge und Höhlen, lenken den Regen und beleben die Meere. Die Aufgabe der Nymphen ist es, das Wasser zu reinigen und mit kosmischer Lichtenergie aufzuladen. So bleibt es Leben spendend, bewohnbar, heilend und erfrischend.

Wassermänner sind, wie der der Name schon sagt, männliche Wesen. Sie leben in Flüssen und Seen und passen sich dem Gewässer, das sie hüten und beleben, in ihrer Größe, Farbe, Form und Gestalt an. Sie haben meist lange grüne Haare, ihre Bekleidung tropft und sie haben Schwimmhäute zwischen den Fingern. Sie sind für die Fließ- und Strömkraft des Wassers verantwortlich. Deswegen sitzt der Wassermann meistens an reißenden Stromschnellen und tiefen Wasserstrudeln. Viele sind Musiker und spielen mit ihrer Geige meisterhaft wilde, süße und mitreißende Tanzlieder. Manche spielen wie wild, sodass alles in ihrer Nähe anfangen muss zu tanzen und in ihren Sog gerät. Manchmal wird das Opfer dabei in vielen Drehungen nach unten gezogen.

DAS ELEMENT FEUER – FEUER BRENNT

Es ist dunkel um mich herum und über mir breitet sich ein gigantischer Sternenhimmel aus. Das Feuer prasselt und die Funken sprühen knisternd in die Höhe. Ich spüre, wie die Hitze bis zu meinem Gesicht ausstrahlt, und wärme meine Hände am Feuer. Mal züngeln die Flammen hoch, mal flackern und lodern sie leise. Schweigend höre ich zu.

Qualität des Elementes Feuer

Die Beherrschung des Feuers war ein gewaltiger Schritt in der Entwicklung des Menschen. In den Anfängen haben Menschen das Feuer von einem Blitzschlag oder Waldbrand eingefangen und gehütet wie ihren Augapfel. In einem kleinen Behälter wurde die Glut in Feuerkörben überallhin mitgenommen. Erlosch sie, war es eine Katastrophe. Erst später, in der Steinzeit, hat der Mensch gelernt, Feuer mithilfe eines Funken sprühenden Feuersteins und trockenen Gräsern selbst zu entfachen.

Es ist ein großer Unterschied zu allen anderen Elementen, dass der Mensch in der Lage ist, Feuer selbst zu erzeugen. Um zu erfahren, wie kostbar das Feuer war, bevor es Streichhölzer und Feuerzeuge gab, kannst du einmal probieren, selbst Feuer zu machen. Dafür brauchst du einen Feuerstein – wie er übrigens immer noch in Feuerzeugen verwendet wird – und leicht brennbares Material wie trockene Gräser oder Moos. Sehr leicht entzünden lässt sich auch Birkenrinde, bei der die oberste, sehr dünne Schicht wie eine Haut abgezogen werden kann. Ebenfalls gut brennbar sind getrocknete Pilze wie der Birkenporling oder der Zunderschwamm. Am besten schaust du dir vorher ein Survivalvideo dazu an oder findest jemanden, der Erfahrung hat und dir genau die richtigen Handgriffe zeigen kann.

Mit der Beherrschung des Feuers ging auch eine große kulturelle Entwicklung einher. Erst durch das beherrschbare Feuer war es möglich, Nahrung zu garen. Die Essgewohnheiten haben sich rasant von der heute wieder beliebten, rohköstlichen Paläo-Ernährung hin zu Gebratenem, Gekochtem und Gebackenem geändert. Mit der Nutzung des Feuers konnte auch Lehm zu Tongefäßen und Keramik gebrannt werden, die für die Aufbewahrung und Zubereitung von Essen und Trinken eine entscheidende Rolle gespielt haben.

Aber das Feuer gart nicht nur unsere Nahrungsmittel, sondern es wärmt uns auch. Bereits als wir noch in Höhlen wohnten, prasselte an kalten, dunklen Nächten ein Feuer in der Mitte, das Licht und Wärme spendete. Was damals extrem wertvoll und überlebensnotwendig war, wird auch heute noch als behaglich empfunden. Der Faszination eines Feuers im Kamin kann wohl kaum jemand widerstehen. Und wenn wir uns einmal wieder am Lagerfeuer treffen, erfreut es Jung und Alt. Es liegt einfach etwas sehr Archaisches darin, sich um ein Feuer zu versammeln. Sofort wird es gemütlich. Manchmal werden Geschichten erzählt, manchmal geschwiegen. Solange das Feuer brennt, ist es nie ganz still: Es flüstert, knistert, lodert, flackert, knackt und zischt. Mal leise, mal laut. Feuer ist wie ein lebendiges Wesen – sobald es brennt, bist du nicht mehr allein. Manchmal reicht es schon, eine Kerze anzuzünden, und es wird gleich heimeliger.

Die Feuerstelle war schon immer der Mittelpunkt der Familie. Hier traf man sich zum Essen, zum Aufwärmen und Erzählen. Auch heute noch ist die Küche ein beliebter Ort, an dem sich auf so mancher Party der Hauptteil des Festes abspielt.

Feuer ist pure Energie

Du spürst die Wärme, die ein Feuer ausstrahlt, sofort, wenn du in die Nähe einer Flamme kommst. Und wie schön ist es, sich die Hände an einem Feuer zu wärmen! Kommst du zu nah, wird es schnell unerträglich heiß.

Die enorme frei werdende Energie eines Feuers wird in Kohle- und Gaskraftwerken genutzt, um sie in Strom zu verwandeln. Verbrennungsmotoren in Autos verwandeln Treibstoff in Bewegungsenergie und bringen Flugzeuge zum Fliegen. Sogar die Energie des weit entfernten Feuerballs der Sonne am Himmel kann mit Solarkraftwerken direkt in Strom umgewandelt werden.

Ohne die wärmende Energie des Feuers wäre es also auch heute noch im Winter ziemlich kalt in unseren Wohnungen. Auch wenn das Feuer im Ofen nicht mehr überall flackert, sind wir doch allein durch die Heizungswärme mit dem Feuer verbunden. Noch schöner ist es, wenn ein Feuer im Kaminofen flackert und seine wohltuende Wärme direkt an die Umgebung abgibt.

Früher brannte in den Küchen ein Feuer im Herd, das nicht nur den Wohnraum erwärmte, sondern auf dem auch gekocht wurde. Es war eine wichtige Aufgabe der Frauen, das Feuer im Herd morgens schnell entfachen zu können und dann den ganzen Tag über so zu hüten, dass es nicht ausging, und zugleich auch sparsam mit den Holzvorräten umzugehen. Auch beim Kochen selbst musste man geschickt mit dem Feuer umgehen, damit nichts anbrannte, übermäßig stark kochte und ausreichend Energie da war, damit das Essen garte. Bei meiner Oma stand immer ein Kessel mit Wasser auf dem Herd, der leise vor sich hin summte, sodass sie stets heißes Wasser für einen Tee oder zum Spülen zur Verfügung hatte. Die Wärme des Feuers in der Küche wurde optimal ausgenutzt. Das Kochen auf offenem Feuer erfreut sich immer noch großer Beliebtheit, sei es beim Grillen im Sommer, Stockbrot am Lagerfeuer oder auch in der Küche auf dem Gasherd.

Schließlich nutzen wir auch die Energie des Verdauungsfeuers in unserem Körper, um die aufgenommene Nahrung in die einzelnen Bestandteile so aufzuspalten, dass wir daraus Energie für alle körperlichen Prozesse beziehen können. Wenn du schon einmal gefastet hast, dann weißt du, wie viel Energie dein Körper nicht mehr für die Verdauung braucht, die dir nun anderweitig zur Verfügung steht.

Die Leber ist unser Heizkraftwerk, das die Nahrungsbestandteile in Energie umwandelt. Wenn die Leber geschwächt ist, fühlen wir uns müde und antriebslos. Dann kann es helfen, die Leber zu reinigen und zu entgiften und das Verdauungsfeuer anzukurbeln.

Die Energie des Feuers kannst du auch am Tag ganz bewusst wahrnehmen, wenn nämlich an einem bewölkten Tag die Sonne zwischen den Wolken auftaucht und dir hell und warm ins Gesicht leuchtet. Und natürlich an jedem Sonnentag umso mehr.

Licht ins Dunkle bringen

Vielleicht ist es dir bisher nicht so bewusst, aber du bist den ganzen Tag mit Feuerenergie umgeben. Nachdem die Sonne morgens glutrot aufgeht, scheint sie den ganzen Tag und lässt ihr Licht mehr oder weniger hell leuchten, bis sie abends ebenso rotgolden wieder am Horizont verschwindet. Was bei uns auf der Erde als Licht ankommt, ist der immer noch extrem helle Schein des Feuerballs unserer Sonne.

Die Energie in Form von Sonnenlicht brauchen alle Pflanzen, um zu wachsen. Mithilfe der Fotosynthese verwandeln sie das Licht in organische Materie. Wie gravierend die Auswirkungen sind, wenn das Sonnenlicht verdunkelt wird, können wir an der Eiszeit ablesen. Durch Vulkanausbrüche ist so viel Asche in die Luft geschleudert worden, dass das Sonnenlicht nur noch gedämpft bis zur Erde durchgedrungen ist. Die Folge: Es war so kalt, dass die Erde in weiten Teilen mit Gletschern bedeckt war und es nur spärliches Leben gab.

Wir Menschen brauchen das Sonnenlicht, nicht nur wegen der Wärme, sondern auch für unser Wohlergehen. Vielleicht merkst du, wie sich deine Stimmung verändert, sobald die Sonne scheint: Du bist gut gelaunt und unternehmungslustiger als an trüben Tagen. Ganz besonders äußert sich das durch das fehlende Sonnenlicht während der kurzen Tage und der niedrig stehenden Sonne in der sogenannten »Winterdepression«. Der Blues lässt sich durch den Einsatz von Tageslichtlampen oder das Trinken von Johanniskrauttee bessern.

»Da geht mir ein Licht auf.«

Wie sehr das Feuer einen Raum verändern kann, merkst du, wenn du in einem vollkommen dunklen Zimmer eine Kerze anzündest. Wie hell diese kleine Flamme den ganzen Raum ausleuchtet! Noch bevor es elektrisches Licht in unseren Räumen gab, entschied der Besitz einer Kerze darüber, ob man nach getaner Arbeit noch genug Licht hatte, um etwa lesen und schreiben zu lernen. Auch heute noch ermöglichen auf diese Weise Solarlampen in Afrika den Schulbesuch und damit Bildung.

Es ist auch im übertragenen Sinne das Licht, das in uns aufgeht, wenn wir lange Zeit etwas nicht wahrhaben wollten, und dann plötzlich klarsehen, wenn es uns wie Schuppen von den Augen fällt.

Lebenskraft Feuer

Die Energie des Feuers spüren wir in uns als Lebenskraft. Das Feuer, das in uns brennt, treibt uns an. Den einen mehr, die anderen weniger, je nachdem, wie viel Feuer jemand hat. Das ist eine Frage des Temperamentes.

Wir können diese Energie in uns natürlich auch regulieren und auch mal »auf kleiner Flamme kochen«. In dieser schnelllebigen Zeit sind viele mit einem hohen Tempo unterwegs. Wenn wir einmal nachlassen, putschen wir uns mit einem Energydrink oder einem Kaffee wieder auf, damit wir mithalten können und unser Pensum schaffen, obwohl der Tank schon leer ist. Das ist auf Dauer gefährlich!

Die Betriebstemperatur hoch- und auch herunterregulieren zu können, ist sehr wichtig, um zu verhindern, dass dir der Treibstoff ausgeht und du ausbrennst.

Wer selbst einmal nahe am Burn-out war oder jemanden kennt, der seine letzten Reserven aufgebraucht hat, weiß, wie entsetzlich leer und kalt es sich anfühlt, wenn das Feuer ausgegangen ist. Solange noch ein Funken Glut übrig bleibt, kann das Feuer wieder entfacht werden. Mit vorsichtigem Pusten und trockenen, kleinen Ästchen können wir aus der Glut wieder eine kleine Flamme entfachen. Damit wieder ein gesundes Lebensfeuer entsteht, muss diese kleine Flamme gut gehütet werden. Wir müssen darauf aufpassen, dass sie nicht wieder erlischt, und ihr immer wieder Material zuführen, das sie nährt. Deswegen ist es bei einem Burnout oder auch nur einem Gefühl der Kraftlosigkeit ratsam, mit dem aufzuhören, was dir Energie raubt oder dich Energie kostet, und stattdessen etwas zu machen, was dir Energie schenkt, was dich nährt, was deine Flamme wieder zum Leuchten bringt. Was nährt dein Lebensfeuer?

Das innere Feuer der Begeisterung

Wofür brennst du? Diese Frage stellen wir uns, wenn wir wissen wollen, was uns in unserem Innersten antreibt. Was ist es, das dir so viel Energie gibt, dass deine Augen zu leuchten anfangen?

Du merkst es sofort, wenn jemand so sehr von etwas begeistert ist, dass »die Funken sprühen«. Menschen, die so sehr für etwas brennen, können auch gut andere motivieren. Dann springt der Funke über und ein »Feuer der Begeisterung« wird entfacht. Feuermenschen sind ansteckend. Solche Motivatoren sind unersetzlich, um die Trägheit der Masse zu überwinden, wenn etwas Neues umgesetzt werden soll, sei es in einem Unternehmen oder in der Familie. Sie können anderen auch gut »Feuer unterm Hintern machen«, damit sie sich bewegen.

Erst wenn alle mit »Feuereifer« dabei sind, entsteht genug Energie, um etwas vorwärtszubringen.

»Dafür bin ich Feuer und Flamme!«

Auch Prozesse, die sich schon lange hinziehen und bei denen der Enthusiasmus verloren gegangen ist, können wieder befeuert werden, wenn man weiß, wie. Zunächst kannst du dich fragen, warum das Feuer fast ausgegangen ist. Schau mal genau hin. Was braucht das Feuer? Mit welchen Brennmaterialien kannst du es nähren? Kümmere dich um das Feuer und schenke ihm Aufmerksamkeit.

Das gilt natürlich auch für Liebesbeziehungen, die oft mit einer glühenden Leidenschaft beginnen. Man ist heiß aufeinander und es gibt feurige Begegnungen. Die Hitze des Feuers will auch gezügelt werden, denn sonst verzehrt man sich so sehr nacheinander, dass die Leidenschaft Leiden schafft. Feuer kann begierig sein und rasch alles verschlingen, was in seine Nähe kommt.

Ebenso kannst du eine beinahe erloschene Liebesglut wieder anfachen, wenn du es verstehst, mit der Kraft des Feuers umzugehen und sie für dich einzusetzen. Ganz instinktiv machen wir das, wenn wir rote Kleider tragen, Kerzen anzünden, uns an ein wärmendes Kaminfeuer setzen und dazu ein Glas Rotwein trinken.

Wie kannst du das Feuer für etwas, das dir wichtig ist, wieder entfachen?

Feuriges Temperament

Wir sagen, wenn jemand sehr temperamentvoll ist, er oder sie »hat richtig Feuer«. Da kann es schon mal laut werden, ganz gleich, ob es um Freude oder Wut geht. Und es braucht nicht viel, um die Flammen gleich hochschlagen zu lassen. In kürzester Zeit kann ein heftiger Streit entbrennen. So kann ein feuriger Mensch eine Party mit seinem Temperament bereichern und viel Energie in eine Gesellschaft bringen. Genauso kann das überschießende Temperament in Jähzorn ausbrechen. Die Feuerenergie sitzt beim Menschen wie gesagt in der Leber. Von dort kann bei Cholerikern die Galle hochkommen und sich in einem Wutanfall entladen.

Das feurige Temperament ist nicht bei jedem offensichtlich. Es gibt durchaus ruhige Menschen, die sehr lange die Ruhe bewahren, aber bei denen man deutlich spürt: Da »schlummert ein Vulkan«.

Wenn uns etwas sehr bewegt und starke Gefühle zum Ausdruck kommen, sprechen wir von einem »Feuerwerk der Gefühle«.

»Da schlagen die Flammen hoch!«

Feuer ist brandgefährlich

Alle Tiere haben Angst vor dem Feuer, weil es in Nullkommanix zu einer rasenden Feuersbrunst heranwachsen kann. Wo ein Waldbrand tobt, bleibt nichts und niemand verschont.

Allein die Bilder in den Nachrichten von den großen Waldbränden, die inzwischen auch in Europa große Flächen betreffen, sind beängstigend. Riesige Feuerwände wälzen sich durch die Landschaft und erfassen jeden Baum und jedes Haus. Da gibt es kein Entrinnen.

Diese Feuergewalt haben sich im Mittelalter auch Kriegsparteien zu eigen gemacht, wenn sie Dörfer und ganze Gebiete »brandschatzten«. Die Bevölkerung wurde damit erpresst, dass man alles niederbrennen würde, wenn die geforderten Naturalien oder Gelder nicht erbracht wurden. Oft genug wurden die Dörfer angezündet und die Menschen waren froh, wenn sie mit dem nackten Leben davonkamen. Alles andere fiel der Feuersbrunst zum Opfer und hinterließ verbrannte Erde.

Auch ohne menschliche Einwirkung war sich die Bevölkerung der Naturgewalt des Feuers bewusst. Die Menschen hatten Respekt davor, wenn sich ein Gewitter mit Blitz und Donner über dem Land austobte. Wenn nämlich ein Blitz in ein Haus oder einen Baum einschlug, konnte das verheerende Brände zur Folge haben. Auch heute noch sind die Feuerwehren in jeder Gemeinde vor Ort hoch angesehen. Selbst mit modernen Mitteln kommt manchmal für ein brennendes Gebäude jede Hilfe zu spät, weil die Flammen unter günstigen Bedingungen in wenigen Minuten alles knisternd und lodernd verschlingen.

Die Naturgewalt des Feuers wird auch bei der Brandrodung genutzt, bei der viele Hektar Urwald in ein Flammenmeer verwandelt werden, damit sie hinterher bewirtschaftet werden können.

Ebenso heftig und vernichtend kann das Feuer zuschlagen, wenn ein Vulkan ausbricht. Das flüssige Magma im Erdinneren bahnt sich einen Weg an die Oberfläche und schleudert Gesteinsbrocken und flüssige Lava aus seinem Schlund. Rot glühend wälzt sich die Lava über die Hänge bis ins Meer hinein und setzt alles in Brand, was ihr im Wege ist.

Wir lernen deswegen schon als kleine Kinder, dass man sehr, sehr vorsichtig mit Feuer umgehen muss. Streichhölzer und Feuerzeuge gehören nicht in die Hand von Kindern, die damit großes Unheil anrichten können. Im übertragenen Sinne sollten auch Erwachsene nicht »mit dem Feuer spielen«, also hier und da zündeln und so Prozesse in Gang setzen, die sich verselbstständigen und zu unkontrollierbaren, vernichtenden Feuern werden können.

Und schließlich gibt es auch das berühmte »heiße Eisen«, von dem wir besser die Finger lassen.

Wobei hast du dir schon einmal die Finger verbrannt?

»Das Spiel mit dem Feuer ist gefährlich.«

Die Kraft der Transformation

Transformation bedeutet »jenseits der Form«. Es ist also weit mehr als eine Veränderung. Es beinhaltet die vollständige Auflösung der Form und das Finden einer neuen. Das Feuer veranschaulicht das Ausmaß einer Transformation perfekt, denn es verwandelt zum Beispiel Holz in Kohlendioxid, Wärme und Asche. Von dem Holz ist am Ende nichts mehr in seiner ursprünglichen Form übrig.

Wenn jemand wirklich schwere Zeiten durchlebt, bei denen kein Stein auf dem anderen bleibt, dann reden wir davon, dass er oder sie »durchs Feuer geht«. Damit einher geschieht ein ganz großer Prozess der Läuterung. Wir werden auf Herz und Nieren geprüft, alles kommt zum Vorschein, wir können nichts verstecken. Wir schauen uns unsere Fehler, die Schattenseiten, an. Das kann ein sehr schmerzhafter Prozess sein, bei dem Reue, Demut und Trauer gefragt sind.

Spätestens nach unserem Tod werden wir mit dem konfrontiert, was in unserem Leben nicht so gut gelaufen ist. Im christlichen Glauben ist daraus die Hölle mit ihrem Fegefeuer geworden. Ich glaube, dass wir nach unserem Erdenleben zwar noch einmal alles Revue passieren lassen, vor allem, was Schmerz bereitet hat, aber auf eine sehr liebevolle Art und Weise. Schließlich hat sich unsere Seele vorgenommen, auf der Erde etwas zu lernen, und erhält danach ein freundliches Feedback. In meinen Augen ist es besser, schon zu Lebzeiten »durch die Hölle zu gehen« und sich seiner Irrungen bewusst zu werden, damit man sie noch korrigieren und für den Rest des Lebens abstellen kann.

Im Feuer verbrennt also alles Ungute. Das machen wir uns bei einer schamanischen Feuerzeremonie zunutze, indem wir in einer rituellen Handlung dem Feuer genau das übergeben, was wir nicht mehr sein wollen. Es geht nicht darum, etwas im Außen loszulassen – eine Wohnung, einen Job, eine Beziehung –, sondern um eine tiefe Transformation des eigenen Selbst. Dem voraus geht, dass wir ganz ehrlich zu uns selbst sind und erkennen, wie wir sind. Wir schauen uns ohne Maske im hellen Schein des Feuers an, welche antrainierten Verhaltensweisen und Glaubenssätze, die zu einem Teil von uns geworden sind, uns und andere unglücklich machen und der eigenen Persönlichkeitsentwicklung entgegenstehen.

Im zweiten Schritt wird dann das herbeigeholt, zu dem das Ungute werden soll. Es soll ja schließlich in eine neue Form gebracht werden. Darin besteht die Veränderung. Wir transformieren einen Schatten ins Licht, verwandeln einen hinderlichen Glaubenssatz in einen förderlichen.

Du spürst schon, dass das ein sehr kraftvolles Ritual ist. Ich empfehle deswegen, eine Feuerzeremonie zur Transformation nicht ohne eine fachkundige Begleitung zu machen. Es braucht einen festen rituellen Rahmen, in dem die Aufmerksamkeit gehalten wird, und Erfahrung, um die Energie zu lenken. Ich erinnere daran: Das Spiel mit dem Feuer ist gefährlich.

Durchs Feuer zu gehen, bedeutet also, auf eine sehr große Probe gestellt zu werden. Nur was wirklich echt ist, hat Bestand. Alles andere verbrennt und verschwindet.

»Dafür würde ich durchs Feuer gehen.«

Phönix aus der Asche

Wie stark diese transformierende Kraft sein kann, zeigt der Mythos vom Phönix aus der Asche. Dieser prächtige, einem Reiher ähnlichen Vogel mit rotgoldenen Federn war im alten Ägypten mit dem Sonnengott verbunden. Er baute sich am Abend ein Nest mit Myrrhe und Weihrauch, das in Flammen aufging und den Vogel vollständig verbrannte. Am Morgen entstieg aus der Asche ein neuer Sonnenvogel in größerem Glanz und schwang sich in die Lüfte.

Der Phönix begleitet also den täglichen Zyklus von Sonnenaufgang über den Tag bis Sonnenuntergang, durch die dunkle Nacht bis hin zur Wiedergeburt des Lichtes am Morgen. Die Sonne geht am Abend in einem Flammenmeer unter und wird am nächsten Morgen wiedergeboren.

So geht es uns auch in unserem Leben und den darin gestellten Aufgaben. Wir durchlaufen Zyklen des Verbrennens und der Erneuerung. So können wir abends, beim stillen Betrachten des Sonnenuntergangs, den Tag abschließen, indem wir alles abgeben, wobei wir nicht so waren wie in der besten Version von uns selbst. Dabei geht es überhaupt nicht um Schuld und darum, sich klein und elendig zu fühlen. Ganz im Gegenteil. Du kannst am Abend mit der untergehenden Sonne alles der Transformation übergeben, damit du ruhig und in Frieden schlafen kannst. Die Beschäftigung mit dem, was nicht gut war, geschieht in dem Bewusstsein, dass du am nächsten Morgen ohne diese Last wach wirst. So erneuerst du dich jeden Tag und entwickelst dich immer mehr zu dem Mensch, der du gerne sein möchtest: liebevoll, friedlich, großzügig, freundlich, hilfsbereit, liebend, fürsorglich, rücksichtsvoll, aufmerksam, mitfühlend oder was immer du dir wünschst.

Das kann ein kleines Ritual sein wie Zähneputzen. Wann immer du in das rotgoldene Licht des Sonnenuntergangs blickst, übergib diesem reinigenden Feuer das, was du aus deinem Wesen transformieren möchtest.

Manchmal hat sich auch einiges angestaut, wie lang gehegter Groll, das Gefühl, als Kind ungerecht behandelt worden zu sein, oder wiederkehrende toxische Beziehungen, in denen du sowohl Täter als auch Opfer bist. Das Feuer hilft dir, dich diesen großen Themen zu stellen und sie zu transformieren, sodass du wie Phönix als prächtiger, glänzender Vogel aus der Asche daraus hervorgehst.

Und vergiss nicht: Dazwischen liegt die Nacht als Phase des Übergangs. Es ist Teil der kraftvollen Transformation, dass du Zeit hast, deine strahlende Wiedergeburt vorzubereiten, indem du deine Erkenntnisse sacken lässt und deine Verwandlung voll und ganz annimmst. Es kann ein sehr tiefgreifender Prozess sein, der mit einem mehr oder minder langen Rückzug einhergeht. Umso herrlicher ist der Moment, wenn du aus der Asche entsteigst und dich leuchtend in die Lüfte erhebst.

Feuer, meine Seele

In vielen Traditionen wird die Seele des Menschen als ein durch Unsterblichkeit ausgezeichneter Seelenfunken betrachtet. Dieser unsterbliche Seelenfunken stammt vom göttlichen Urfeuer ab und kehrt nach dem körperlichen Tod wieder in dieses Urfeuer zurück. Unsere Aufgabe ist es, uns auch in der »dunklen« Fremde wieder daran zu erinnern, dass wir Licht sind und über den göttlichen Funken mit Gott in Verbindung stehen.

Das mag der Grund sein, warum wir gerne mit einer Kerze meditieren. Wir konzentrieren uns mit halb geschlossenen Augen auf die kleine, ruhige Flamme und nehmen sie in unser Herz auf. Auch ohne Kerze können wir uns in der Meditation auf den kleinen, leuchtenden Kern in unserem Herzen konzentrieren und das Licht immer größer werden lassen, bis wir von einer goldenen Lichtkugel umhüllt sind.

Auch ohne den Begriff »Seele« zu verwenden, sprechen wir gerne von einem Licht in uns, das in unseren Augen leuchtet. Solange noch ein Funken Leben in uns ist, ist es nicht verloren. Das innere Feuer kann wieder zum Leben erweckt werden. Und für manche ist es ein Ziel im Leben, immer mehr Licht in die Welt und ins eigene Dunkel zu bringen. Sie beschreiten den Weg der Erleuchtung.

Feuer steht also für den Lebensfunken, die Urkraft, die alles erschafft und zum Leben erweckt.

Viele haben ihre spirituelle Seele vergessen und damit ihre Verbindung zu Gott verloren. Deswegen wissen sie nicht mehr, was ihre Bestimmung ist. Wenn wir die heiligen Feuer wieder entzünden, erinnern wir uns auch an die Flamme in uns.

Das irdische Feuer stellt gewissermaßen eine Vermittlung zwischen dem eigenen Seelenfunken und Gott dar und ist eine Möglichkeit, mit dem Göttlichen in Verbindung zu treten. Deswegen stellen wir Kerzen in Kirchen auf oder auch an Allerheiligen auf Friedhöfen, um den vielleicht noch umherirrenden Seelen den Weg ins Licht zu weisen.

Spirituelle Bedeutung

Das heilige Feuer

In vielen Kulturen sind Feueropfer bekannt. Da das Feuer Opfergaben verbrennt und diese damit Gott beziehungsweise den Göttern zuführt, ist es ein Vermittler zwischen der diesseitigen und der jenseitigen Welt. Dafür musste das unberechenbare Feuer zunächst gezähmt und dann als heilige Aufgabe wie etwa in Rom durch die Priesterinnen der Göttin Vesta, Hüterin des heiligen Feuers, sorgsam gepflegt werden.

Feuerzeremonien wurden und werden von vielen alten Kulturen auf der ganzen Welt durchgeführt, einschließlich der Hopi-Indianer, Mayas und Schamanen Sibiriens.

Sie kommunizierten über das Feuer mit der geistigen Welt. Dabei ist das Feuer wie ein Kanal, der Mutter Erde mit dem Kosmos und den Ahnen verbindet. So konnten Priester und Schamanen Bilder im Feuer erkennen, ihnen erschienen Gesichter und es wurden Botschaften übermittelt.

Auch der Blitz als beeindruckender Repräsentant des Feuers verband plötzlich Himmel und Erde auf erhellende, geradezu erleuchtende Weise, ebenso wie der »Geistesblitz« Ideen direkt aus dem Kosmos in deinen Kopf bringt.

Die heiligen Feuer wurden an besonderen Orten entzündet, auf Altären oder an Kraftorten. Durch das heilige Feuer wurden die Orte aktiviert und gestärkt. Zugleich wurde das Feuerherz der Mutter Erde genährt.

Bei den Maya erzählt man sich die Geschichte, dass es nach dem Untergang von Atlantis dunkel wurde auf der Welt. Einige wenige Hüter des Wissens hatten sich bereit erklärt, die Erde nicht zu verlassen, sondern dafür zu sorgen, dass das Wissen erhalten bleibt, damit die heiligen Feuer wieder entzündet werden, wenn die Zeit des großen Wandels gekommen ist. Nach allen Überlieferungen der indigenen Völker stehen wir nun an diesem Punkt. Jetzt kommt es darauf an, dass bewusst und spirituell lebende Menschen wieder die heiligen Feuer entzünden, um den Wandel zu einer lichtvolleren Zeit zu unterstützen. Mit jedem rituellen Feuer, das wir in dem Bewusstsein der Verbindung zwischen Erde und Kosmos entzünden, verändern wir die Energie auf der Erde. Für uns selbst, die Menschheit und den Planeten.

Besonders kraftvoll ist es, wenn die Zeremonien zur selben Zeit abgehalten werden. Die Kraft der Feuer verbindet sich und wird noch stärker. Eine andere Form der Verbindung kann entstehen, wenn die Asche der Feuer weitergegeben wird und an anderen kraftvollen Orten zum Einsatz kommt. Wenn du ein heiliges Feuer machst, kannst du die Asche ebenfalls zur Belebung in einen Fluss oder See streuen oder auf ein Gemüsebeet.

Grundsätzlich kann jede*r ein heiliges Feuer entzünden, wenn er oder sie es mit reinem Herzen tut. Wie bei allen spirituellen Handlungen ist das Entscheidende deine Absicht. So kannst du eine Kerze auf deinem Altar oder in einer Kapelle, die meistens an einem Kraftort steht, anzünden und dir dabei den Lichtkanal vom Herzen der Erde bis zu den Sternen vorstellen. Je mehr Lichtsäulen wir auf diese Weise erstellen, desto mehr kann das Dunkle erlöst und transformiert werden.

Es versteht sich von selbst, dass in ein heiliges Feuer kein Abfall – wie Papier, Taschentücher, Zigarettenstummel, Verpackungen – geworfen wird. Ebenso wird darauf nicht gegrillt, nichts gegart oder Stockbrot gebacken. Es ist auch nicht der Ort, um ein feuchtfröhliches Fest zu feiern.

Ich habe es schon oft erlebt, dass gerade an einem Feuer die Gespräche eine besondere Tiefe bekommen. Das Feuer hört dann sozusagen mit und transformiert ganz nebenbei die Schwere. Es knistert und knackt, raucht und schwelt, flüstert und lodert, glimmt und glüht. Dabei nimmt es die verschiedenen Stimmungen auf und verarbeitet alles. Jedenfalls geht es meistens allen, die an einem rituellen Feuer sitzen, hinterher viel besser. Sie gehen erleichtert und beseelt nach Hause.

Eine besonders schöne Tradition sind die Vollmondfeuer, zu denen sich Menschen einmal im Monat im Freien treffen, im Kreis um ein wärmendes Feuer sitzen und den Sternenhimmel und ihre Verbundenheit untereinander genießen. Es ist der perfekte Turnus, um sich regelmäßig zu treffen, die Naturverbundenheit zu spüren und sich bewusst oder unbewusst an ururalte Zeiten zu erinnern, in denen wir friedlich und singend ums Feuer saßen und das einfache Leben genossen haben.

Feuerritual Agnihotra

Eine Zeremonie, die von jedem Menschen durchgeführt werden kann, ist das Agnihotra.

Das aus Indien stammende Feuerritual bezeichnet ein kleines Feuer, das täglich bei Sonnenauf- und -untergang durchgeführt wird. Es leitet sich von den Veden ab, einem alten Wissen, das um 1500 v. Chr. in Sanskrit aufgezeichnet wurde. Inzwischen wird das Ritual von vielen Menschen auf der ganzen Welt durchgeführt. Es reinigt die Atmosphäre, baut Stress ab und verbessert die Vitalität der Menschen und der Pflanzen. Das kann vor allem am Beispiel von Pflanzen eindrücklich nachgewiesen werden, die auf sogenannten Homa-Höfen, auf denen das Feuerritual regelmäßig durchgeführt wird, überdurchschnittlich gut gedeihen und weniger Schädlinge haben.

Für ein Agnihotra wird das Feuer in einer kleinen Kupferpyramide aus getrocknetem Kuhdung entfacht, dem als Opfergaben brauner Reis und Ghee (geklärte Butter) beigemischt werden. Dazu werden Mantras gesungen. Die erstaunliche Auswirkung dieses Rituals wird darauf zurückgeführt, dass speziell zu Sonnenauf- und -untergang in der Atmosphäre eine gewaltige Energiequalität entsteht, die in der Kupferpyramide gesammelt wird. Es entsteht ein Magnetfeld, das diese Leben spendende Kraft der Sonne nutzt und eine heilende Bioresonanz erzeugt, die letztlich die Atmosphäre von Schadstoffen reinigt und schädliche Strahlung neutralisiert. Die anschließend gereinigte Atmosphäre verleiht sämtlichen umgebenden Lebensformen einen besonderen Energieschub und wirkt sehr heilend.

Wenn die Flamme erlischt, wird die Energie in der entstehenden Asche eingeschlossen, die zum Beispiel in verschmutzte Gewässer gegeben werden kann, um sie zu reinigen.

Die Sternzeichen des Elementes Feuer

Widder, Löwe, Schütze

Feuer steht für:

- Energie, Begeisterung, Transformation, Wärme, Spirit, Seelenfunken, Leidenschaft, Motivation, Licht, Erleuchtung
- Im Übermaß: Zerstörung, Gefahr, Jähzorn
- Feuer stärkt den männlichen Pol.
- Die Farben des Feuers sind Rot und Orange.
- Zugeordneter Sinn: Sehen

Wobei dir das Element Feuer hilft

Das Element Feuer bringt wieder mehr Schwung und Begeisterung in dein Leben. Sind die Farben in deinem Alltag etwas verblasst? Du möchtest wieder mit mehr Eifer bei der Sache sein? Fühlt sich deine Beziehung ein bisschen grau in grau an? Dann hilft dir die Beschäftigung mit der Hitze des Feuers dabei, auch selbst wieder etwas leidenschaftlicher zu werden und für eine Sache oder jemanden förmlich »zu brennen«.

Wenn du einen besseren Kontakt zu deinem Seelenfunken aufnehmen möchtest, begleitet dich das Feuer dabei, die Verbindung zwischen dir und dem Kosmos wieder aufzunehmen, um deine Bestimmung zu erkennen.

Oder wenn du durch eine tiefe Transformation gehst und du eine kraftvolle Unterstützung für deine Verwandlung brauchst, unterstützt dich das Feuer bei der Läuterung und dem Neubeginn.

Naturritual – Feuer

Feuer ist Energie. Manchmal brennt ein großes Feuer in dir und zu anderen Zeiten verläuft dein Leben auf kleiner Flamme. Wichtig ist, dass du dir immer wieder so viel Energie zuführst, wie du verbrennst, damit dein Feuer nicht plötzlich erlischt. Eine sehr gute Übung dafür ist es, ein Feuer zu hüten, also darauf aufzupassen, dass es nicht ausgeht.

Dein Lebensfeuer hüten

Du brauchst für das Ritual:

- Feuerschale oder eine mit großen Steinen befestigte Feuerstelle
- Feuerholz
- Feueranzünder
- lange Streichhölzer
- Schreibzeug

Vorbereitung:

Feuerholz kann man inzwischen in jedem Supermarkt kaufen. Für diese Übung ist es aber passender, wenn du dir Stöcke und Äste aus der Natur suchst. Im Wald gibt es mehr als genug davon. Vielleicht ist auch in deinem Garten einiges angefallen, was du verwenden kannst. Beim Sammeln von herabgefallenen und abgestorbenen Ästen sind automatisch dünnere und dickere Hölzer dabei. Eine gute, ausgewogene Mischung von unterschiedlich dicken Ästen ist sehr sinnvoll. Achte bitte darauf, dass das Holz trocken ist. Frisch geschnittenes oder nasses Holz ist ungeeignet. Je mehr Holz du gesammelt hast, desto länger wird diese Übung dauern. Ich empfehle, etwa eine Schubkarre voll Holz bereitzulegen. Richte dich darauf ein, dass du mindestens eine Stunde an deinem Feuer bleiben kannst.

1. Lege dir das Sammelholz auf einem Stapel zurecht. Breche die Äste dafür auf eine zu der Feuerstelle passende Länge. Schichte nun einen Kegel aus einem kleinen Teil deines Brennmaterials auf. Beginne mit dem Feueranzünder in der Mitte, über den du trockene Gräser und feinen Reisig legst. Danach kommen immer etwas dicker werdende Stöckchen.
2. Zünde dann das Feuer mit einem langen Streichholz in der Mitte an, sodass der Feueranzünder zu brennen beginnt. Sobald auch die Stöckchen Feuer gefangen haben, beginne damit, Holz nachzulegen. Deine Aufgabe ist es, darauf zu achten, dass das Feuer nicht ausgeht, also immer zur rechten Zeit genug Brennmaterial nachgelegt wird, nicht zu groß und nicht zu klein. Außerdem soll dein Feuer möglichst lang in einer für dich passenden Größe brennen.
3. Nimm nun Verbindung mit deinem Feuer auf, indem du dich ganz darauf konzentrierst. Spüre die Wärme, die Hitze, rieche den Rauch, lausche dem Knistern und Lodern. Lass dich von den flackernden Flammen und der glimmenden Glut ins Reich der Feuersalamander entführen.
   Das ist dein Feuer und es steht für deine Lebensenergie.
4. Nimm dir die Zeit, um dir bei jedem Holz, das du nachlegst, Gedanken darüber zu machen, was es in deinem Leben sein könnte, das dir Energie gibt. Was sind die großen und kleinen Motivatoren, die dein Lebensfeuer brennen lassen?
5. Schreibe dir auf, was du über dich erfährst, während du ganz versunken in dein Feuer bist.
   Was nährt dein inneres Feuer? Welche Bilder, Gesichter oder Symbole erkennst du im Feuer oder in der Glut?

In dieser Übung geht es darum, ein Gefühl dafür zu bekommen, dass Geben und Nehmen im Ausgleich sind. Wie viel Selbstfürsorge lässt du dir zuteilwerden, damit dein Feuer sicher weiterbrennen kann? Was gibt dir Energie? Sind es die Pausen, der kleine Rundgang durch den Garten oder Park, der Urlaub mit der Familie, der Abend mit Freunden? Ist es die Anerkennung und Wertschätzung, die du für deine Arbeit bekommst? Ist es das Lächeln deiner Kinder, ein erholsamer Schlaf, der Besuch in der Sauna?

Wenn du in deinem Leben vergisst, dir immer wieder neue Energie zuzuführen, dann wird dein Feuer erlöschen. Du wirst beim Hüten deines Feuers merken, dass es gut ist, stets kleine Stöckchen hineinzulegen und nicht nur dicke Äste. Aber auch die großen Holzstücke braucht es, damit das Feuer eine gute Weile konstant vor sich hin brennt. Du brauchst also in deinem Leben kleine Kraftquellen und auch ab und zu längere und größere Highlights.

Du erfährst auch viel über dich selbst, wenn du dein Feuer hütest, denn das Feuer ist ein lebendiges Wesen, das mit dir und deiner Energie interagiert. Es reagiert auf deine Stimmung und zeigt, was in dir ist. Je nachdem, wie groß dein Feuer ist, offenbart es dir auch, ob du ein eher vorsichtiger Mensch bist, der lieber ein kleines, sorgsam gehütetes Feuer abbrennt, oder ob du es liebst, wenn die Funken sprühen und dir die Hitze fast die Augenbrauen verbrennt.

Daran erkennst du, dass dir das Element Feuer fehlt

Ein Mangel am Element Feuer kann sich in verschiedenen Bereichen des Lebens und auf unterschiedliche Weise äußern.

Körperlich

Du frierst leicht und kalte Füße sind deine dauerhaften Begleiter. Bei einer Erkältung bist du schnell dabei und auch sonst ist deine körperliche Konstitution nicht so gut. Deine Verdauung ist oft überfordert und das Essen liegt dir schwer im Magen.

Mental

Dir fehlt der Esprit. Die Begeisterung für deinen Beruf hält sich in Grenzen und Gedankenblitze bleiben aus. Es fällt dir einfach nichts ein, was dir Freude machen würde und dich wirklich motiviert. Du hast zu nichts Lust und das Leben erscheint dir langweilig.

Energetisch

Du hast keine Energie. Es geht dir in allem schnell die Puste aus. Große Projekte traust du dich gar nicht erst anzufangen, weil du einen Marathon nicht schaffen würdest. Dein Leben findet auf kleiner Flamme statt.

So stärkst du das Element Feuer in dir

Verbinde dich mit der Energie des Feuers. Die Wärme der Sonne, die Betrachtung einer Kerzenflamme, körperliche Aktivität oder der Genuss einer scharfen Speise – damit bringst du Feuerkraft in dein Leben.

ÜBUNG 1: Sonnenanbeter*in

Diese Übung kannst du immer machen, wenn die Sonne scheint. Nimm dir einen Zeitraum von einem Monat, in dem du ganz bewusst immer wieder an deinem Tag darauf achtest, ob die Sonne scheint.

- Dann gehe kurz hinaus und drehe dich mit dem Gesicht zur Sonne. Schließe die Augen und spüre die warmen Sonnenstrahlen auf deinem Gesicht. Hinter deinen geschlossenen Lidern spielen zuerst die Farben Rot und Orange, dann wird es gleißend hell.
- Genieße die Wärme und das helle Licht.
- Atme tief ein, weite deinen Brustkorb dabei und nimm das Sonnenlicht förmlich mit jedem tiefen Atemzug in dein Herz auf. Lasse es dabei ums Herz warm werden.

Vor allem in der Übergangszeit im Frühjahr oder Herbst kannst du dich mit dieser Übung gezielt mit Licht auffüllen und Sonne tanken. Du wirst merken, dass du beweglicher, unternehmungslustiger und fröhlicher wirst, wenn du jede Minute Sonnenlicht ausnutzt.

ÜBUNG 2: In die Flamme schauen

- Setze dich bequem auf einen Stuhl oder auf ein Meditationskissen. Stelle eine Kerze etwa einen Meter weit von dir entfernt auf den Tisch oder auf den Boden und zünde sie an. Achte darauf, dass sie nicht flackert, das liegt manchmal am Docht oder auch an einem Windzug.
- Schaue mit halb geschlossenen Augen auf die Flamme, die um den Docht herum ein wenig violett ist. Fokussiere dich ganz auf die kleine Flamme.
- Nach einer Weile schließe die Augen und nimm das Bild der kleinen Flamme mit in dein Herz.

Das Betrachten einer kleinen Flamme beruhigt und verbindet dich wieder mit deinem Seelenkern, den du dir ebenfalls wie eine kleine Flamme in deinem energetischen Herzraum vorstellen kannst.

Besonders stark reinigende Kraft hat die violette Flamme, die Saint Germain zugeordnet wird. Dafür stellst du dir eine violette Flamme vor deinem geistigen Auge vor und gibst alles hinein, das du verbrennen möchtest. Du kannst sie auch durch deinen Körper und deine Aura leuchten lassen, um dich energetisch zu reinigen.

ÜBUNG 3: Das innere Feuer ankurbeln

Wir sitzen oft viel zu lange still, im Auto oder in der Bahn, am Schreibtisch oder auf dem Sofa. Das fährt unser Energiesystem herunter und oft genug ist die Folge kalte Füße oder in der kalten Jahreszeit ein leichtes Frösteln. Bevor du die Heizung hochdrehst, bring dein inneres Feuer in Schwung und wärme dich von innen.

Das geht am besten, wenn du dich bewegst, deine Muskeln in Anspruch genommen werden und dein Kreislauf auf Touren kommt. Du kennst dieses wohlige Gefühl, wenn nach einer körperlichen Anstrengung alle Zellen kribbeln und vibrieren. Vielleicht kommst du sogar ins Schwitzen. Auf jeden Fall ist dir nicht mehr kalt.

- Welche Bewegungsform passt zu dir und lässt sich leicht in deinen Alltag integrieren?
- Du kannst auch im Büro einfach mal aufstehen und anfangen zu hopsen. Lasse alle Bewegungen zu, die kommen möchten. Vielleicht schwingst du die Arme dazu, drehst dich wie ein Pendel, schüttelst den Kopf, beugst dich vornüber und bringst alle Extremitäten in Bewegung.
- Auch ein kurzer, strammer Spaziergang einmal um den Block oder noch besser in den Wald bringt die Lebensgeister wieder zurück. Alternativ tut es bei schlechtem Wetter oder nur wenig Zeit auch ein Abstecher ins Treppenhaus, um einmal das Blut in alle Zellen zu pumpen.
- Jede Form von sportlicher Betätigung wie Wandern, Radfahren, Federball, Joggen oder Training im Fitnesscenter ist hilfreich, um das Feuer in dir anzukurbeln. Du spürst natürlich sofort die Wärme in deinem Körper, aber es geht auch noch darüber hinaus. Wenn du dich körperlich aufraffst und wieder in Bewegung kommst, werden auch dein Geist und deine Motivation angekurbelt. Schlechte Laune, Trübsal und sonstige Schlacken werden herausgeputzt. Du hast wieder mehr Elan, etwas anzugehen, und kommst nach einer Pause für das Denken auf zündende Ideen.

Menschen, die zu viel Feuerenergie haben, powern sich gern regelmäßig körperlich aus, damit die Energie verbraucht wird. Wenn das fehlt, kann es zu Unausgeglichenheit kommen, die sich zum Beispiel in Aggression und Ungeduld äußert.

Was du noch tun kannst, um dich mit dem Feuer zu verbinden

- **Scharfes Essen**
  Feurige, mit Chili gewürzte Gerichte treiben dir den Schweiß auf die Stirn. Es wird dir von innen heraus richtig heiß. Scharfes Essen ist nicht jedermanns Sache, aber ein bisschen Pfeffer mehr kann dein fades Leben etwas feuriger machen. Übrigens haben natürliche Aphrodisiaka häufig eine gewisse Schärfe.
- **Sauna**
  Sich einmal so richtig durchwärmen zu lassen und ordentlich ins Schwitzen zu kommen, bringt dir die Feuerkraft direkt in deinen Körper.
- **Sonnenbaden**
  Lasse dich von der Sonne wärmen. Dafür reichen je nach Jahreszeit wenige Minuten bis eine Stunde. Achte natürlich dabei darauf, dass du dir keinen Sonnenbrand holst. Spüre, wie das Sonnenlicht jede deiner Zellen mit frischer Energie auflädt.
- **Spirituosen**
  Wie der Name schon sagt, haben alkoholische Getränke Spirit, also Geist. Diese belebende Wirkung von einem Gläschen Rotwein am Abend in netter Gesellschaft kennst du bestimmt auch. Alkohol kurbelt die Stimmung auf Partys an, bei einem Übermaß wird es laut und hitzig.
- **Musik**
  Temperamentvolle Musik, wie sie zum Beispiel zum Flamenco oder Salsa gehört, weckt deine Lebensgeister. Feurige Musik zeichnet sich durch schnelle Notenfolge und Lebendigkeit aus.
- **Rote Kleider**
  Ein roter Pullover, eine rote Jacke oder auch nur ein Schal oder Halstuch lassen dich energisch und kraftvoll wirken. Du wirst merken, dass die Menschen im Raum anders auf dich reagieren.

Ein Zuviel an Rot kann zu Streit führen. Möchtest du aber dein Projekt vorstellen oder um eine Gehaltserhöhung bitten, kann die rote Farbe deiner Kleidung deine Zielstrebigkeit stärken.

- **Motivationskick**
  Suche die Gesellschaft von jemandem, der sehr mitreißend sein kann. Auch Großveranstaltungen – wie ein Konzert oder ein sportlicher Wettkampf, bei dem viele Menschen gemeinsam andere anfeuern – können deine Feuerenergie stärken.

Affirmationen:

»Ich bin Feuer und Flamme für (...).
Ich bin dynamisch und voller Energie.
Ich bin verbunden mit meiner Seele.«

Kraftorte – Feuer

Wir sind fast immer von dem Element Feuer umgeben: Entweder die Sonne scheint und schickt ihre warmen Sonnenstrahlen bis auf die Erde oder wir wärmen uns an einer Heizung. Ganz ohne Feuer sind wir zurück in die Eiszeit versetzt. Dennoch hat die offene Flamme eine besondere Magie.

Am Lagerfeuer

Was gibt es Schöneres, als sich um ein prasselndes Lagerfeuer zu versammeln und in die Flammen zu schauen?! Das ist ein wahrer Kraftort, mit dem du sofort und nachhaltig deine Feuerenergie stärken

kannst. Und noch einen Vorteil hat es: Den Kraftort Lagerfeuer kannst du erschaffen, wo immer es erlaubt ist. Du bist also nicht wie bei dem Wasser oder der Erde auf einen bestimmten Ort in der Natur angewiesen. Ein richtig großes Lagerfeuer an einem See oder in einem Camp beseelt die ganze Gruppe. Oft brennen diese Feuer die ganze Nacht hindurch. Erst ist das Feuer groß und heiß, es wird immer wieder nachgelegt, du spürst die Hitze in deinem Gesicht und rückst ein bisschen ab. Alle sitzen um das Feuer, es wird gesungen, vielleicht auch getrommelt und getanzt, die Stimmung ist aufgeheizt und fröhlich. Im Laufe der Nacht wird es immer ruhiger, bis nur noch wenige schweigend am Feuer sitzen und in die immer ruhiger werdenden Flammen und die rot leuchtende Glut schauen. Du rückst näher heran und wärmst deine Hände. Die Wärme tut gut. Zeit, die Augen zu schließen und den Tanz des Feuers in dir nachklingen zu lassen.

Wir erinnern uns: Feuer ist brandgefährlich. Deswegen darfst du auf keinen Fall Feuer in der Nähe eines Waldes in der trockenen Sommerzeit oder bei starkem Wind, der die Funken weit tragen kann, entzünden. Auch innerhalb einer Ortschaft ist es mitunter verboten, unangekündigt ein großes Feuer zu machen, das die Feuerwehr sofort auf den Plan rufen würde. Das kann teuer werden.

Und doch wird in den Gärten und Grillhütten im Sommer gerne über offenem Feuer gegrillt und danach gefeiert. In den Baumärkten werden große Feuerschalen angeboten, die dem Feuer einen sicheren Rahmen geben und keine Löcher in den Rasen brennen. Auch in der Zivilisation lassen sich also schöne und sichere Lagerfeuerrunden machen.

Ich liebe auch die Feuer im Winter, an denen ich mit warmen Schuhen und einem dicken Fell im Rücken sitzen kann. Dann schätze ich die Wärme ganz besonders. Statt des Grillguts wird Glühwein aufgewärmt und Kastanien werden geröstet.

Auch an einem Feuer im Kaminofen kannst du dich mit der Feuerenergie aufladen.

Unter dem Sternenhimmel

»Da oben leuchten die Sterne, da unten leuchten wir!«, das singen die Kinder zu Sankt Martin, wenn sie mit ihren Laternen umherziehen. Und genau so ist es auch. In jedem von uns ist ein kleiner, leuchtender Seelenfunken, so wie es Sterne am Himmel gibt.

Leider können wir in der Stadt durch die Lichtverschmutzung kaum noch Sterne sehen. Aber es lohnt sich, aufs Land hinauszufahren und wieder einmal einen wundervollen Sternenhimmel zu bewundern. Wie groß ist doch das Universum! Du bekommst wieder ein Gefühl von Unendlichkeit und erfasst die spirituelle Dimension deines Seins. Es kann schließlich nicht sein, dass es bei dem Blick in den Kosmos noch um die kleinen oder größeren Kümmernisse geht, die dir dein Leben gerade beschert. Du bist mit dem ganzen Planeten Erde eingebettet in ein unbeschreiblich großes Universum voller Galaxien und Sonnensysteme. Gibt es da noch andere Lebensformen? Sind wir die einzigen Lebewesen in dieser Unendlichkeit? Kann es vielleicht sogar sein, dass wir, wie die Maya sagen, vom Sirius kommen und über einen Blitz zur Erde gereist sind?

Jedenfalls verbindest du dich bei der Betrachtung des Sternenhimmels mit dem Kosmos. Du nimmst wieder einmal wahr, dass es nicht nur das Licht des Tages, sondern auch die Dunkelheit der Nacht gibt, und dass beides gleichermaßen bedeutend ist.

Auf wundersame Weise verschwinden die Sterne wieder, wenn es Tag wird. Was für eine Magie darin steckt! Denn damit ist bewiesen, dass es Dinge gibt, die man am Tag nicht sieht, die aber sehr wohl existieren.

Noch beeindruckender ist es, den Sternenhimmel in einer Wüste oder auf dem offenen Meer zu betrachten Da zieht sich der schwarze Himmel, besetzt mit strahlenden, kleinen und größeren Sternen, bis hinunter zum Horizont.

Aber egal wo, im Sommer auf der Wiese zu liegen und Sternschnuppen zu zählen, gehört für mich zu den besonderen Erlebnissen, auf die ich mich jedes Jahr wieder freue. Auch im Winter liebe ich den Sternenhimmel, der noch präsenter ist als im Sommer, einfach dadurch, dass es so früh dunkel wird und ich schon um 18 Uhr einen perfekt schwarzen Himmel mit Sternenlichtern sehen kann. Außerdem haben die Bäume keine Blätter, sodass du selbst im Wald die Sterne zwischen den Ästen blinken sehen kannst.

Verbinde dich also mit den Sternen, staune über die unbeschreibliche Größe des Weltalls und lasse den Gedanken zu, dass da noch so viel mehr ist, als du weißt.

Auf dem Vulkan

Durch einen Vulkan kannst du direkt in das feurige Herz der Erde blicken. Flüssiges Magma, gemischt mit Schwefeldämpfen, kommt bei einem Ausbruch an die Oberfläche. Erst 2022 ist auf La Palma ein Vulkan aktiv geworden. Was für ein Schauspiel, als sich glühende Lavaströme über die Hänge bis ins Meer ergossen haben! Alle Kanarischen Inseln sowie auch Hawaii sind vulkanischen Ursprungs. Wer also dort Urlaub macht, befindet sich direkt auf einem Vulkan!
Aber du musst gar nicht so weit fliegen, wenn du dich einmal der feurigen Energie eines Vulkans nähern möchtest. Der höchste und aktivste Vulkan Europas, der Ätna auf der italienischen Insel Sizilien, ist ständig aktiv, ebenso wie sein kleiner Bruder Stromboli. Minütlich bis stündlich spuckt er Lava und Asche. Der Vesuv bei Neapel, der im Jahr 79 n. Chr. mit einem heftigen Ausbruch die ganze Stadt Pompeji eingeäschert hat, befindet sich seit 1944 in einer Ruhephase.
In Deutschland gibt es in der Eifel das größte Vulkangebiet Mitteleuropas mit 450 Vulkanen, die allesamt nicht mehr aktiv sind. Der Ausbruch des Laacher Vulkans ist einer der größten, der sich in Mitteleuropa ereignet hat.

Weltweit gibt es Tausende Vulkane. Rund 1500 gelten als aktiv, jährlich melden sich etwa 50 lautstark und bildgewaltig zu Wort. Die restlichen Vulkane sind nicht etwa alle erloschen, viele legen gerade nur ein Päuschen ein.
Am Vulkan begegnest du dem römischen Gott des Feuers Vulcanus, der einer Legende nach seine Schmiede auf der italienischen Insel Vulcano hatte.
Bei der Betrachtung von Feuer spuckenden Vulkanen siehst du, wie sich das Element Feuer schlagartig Bahn bricht, bei den Eruptionen kilometerhoch flüssiges, rot glühendes Magma in die Luft wirft und dabei alles zerstört, was ihm in die Quere kommt. Das ist die pure Feuerenergie!

Zugehörige Pflanzen

Bäume und Kräuter, die eine feurige Energie verkörpern, bringen Hitze, Licht und die Kraft der Sonne zum Ausdruck.

Bäume

Kiefer

Die Rinde der Kiefer ist vor allem im oberen Teil des Stammes rötlich gefärbt – ein erster Hinweis auf die Feuersymbolik. In ihren Nadeln, aber auch in dem gesamten Holz ist der Anteil an ätherischen Ölen so hoch, dass das Holz gut brennt. Das ätherische Kiefernnöl ist entzündungshemmend und wird vor allem bei Erkrankungen der oberen Atemwege eingesetzt.

Sie wächst vor allem auf trockenen, sandigen Böden und bevölkert ebenso wie ihre Verwandte, die Pinie, die Böden direkt hinter den sandigen Dünen.

Mammutbaum

Der Mammutbaum heißt wegen seiner orange gefärbten Rinde auf Englisch Redwood, also rotes Holz. Dieser Riese, der vor allem an der Pazifikküste der USA vorkommt, hat eine 30 Zentimeter dicke Borke, die kein Harz enthält. Sie ist steinhart und schützt die Bäume so vor Insekten, Pilzen und Feuer. Selbst einen Waldbrand überstehen die Bäume mit dieser isolierenden Rinde deswegen unbeschadet. Die Samen brauchen sogar die Hitze des Feuers, um zu keimen. In einem brandgerodeten Gebiet haben sie eine bessere Chance zu gedeihen als in einem dicht bewachsenen Wald.

Der höchste Baum der Erde ist ein 2500 Jahre alter Sequoia – eine Gattung des Mammutbaums – in Kalifornien, mit 115 Metern Höhe.

Auch in Deutschland wachsen Mammutbäume, die jedoch längst nicht so alt und deswegen auch nicht so hoch sind. Der älteste Baum hat eine Höhe von 58 Metern.

Wenn du einen Mammutbaum in Deutschland besuchen möchtest, kannst du dir online eine Liste der dicksten Mammutbäume anschauen und darin den nächstgelegenen finden.

Kräuter

Johanniskraut

Das Johanniskraut ist ein wahrer Sonnenanbeter, denn es wächst und gedeiht auf den heißesten, trockensten Flächen. Seine sonnengelben Blüten sind wie Windmühlenräder angeordnet und speichern das Sonnenlicht in kleinen Ölbehältern. Auch die Blätter enthalten diese kleinen Öldrüsen, die du deutlich als Pünktchen erkennen kannst, wenn du sie gegen die Sonne hältst. Beim Zerreiben der Blüten zwischen den Fingern färbt das Öl sie rubinrot. Die zahlreichen Staubfäden strahlen wie ein kleines Feuerwerk aus der Mitte der Blüte.

Mit seinem ganzen Aussehen signalisiert das Johanniskraut, dass es die Sonne einfängt. In trüben, dunklen Wintertagen gibt es uns diese Sonnenenergie in Form eines rotgoldenen Tees weiter. Das gespeicherte Licht ist so stark, dass es nicht nur bei Winterdepression gute Dienste leistet, sondern auch bei trüben Verstimmungen generell Licht ins Dunkel bringt.

Das aus den Blüten gewonnene Johanniskrautöl, wegen seiner rubinroten Farbe auch Rotöl genannt, wirkt wunderbar bei kleinen Verletzungen und Verbrennungen. Auch zur nervenberuhigenden Massage wird es gerne eingesetzt.

Johanniskrauttee gehört auf jeden Fall in die pflanzliche Hausapotheke, damit du dich auch in der dunklen Jahreszeit mit Sonnenlicht versorgen kannst. Es wirkt stimmungsaufhellend und stärkt die Nerven.

Brennnessel

Was brennt ums Haus und brennt doch nicht? Genau, die Brennnessel. Sie ist eine rechte Feuerpflanze, die übersät ist mit Brennhaaren.

Berührst du sie, brechen die glasartigen Spitzen ab und ihr feuriger Inhalt wird dir direkt unter die Haut gespritzt. Die Quaddelbildung, die daraus resultiert, kennt wohl jeder.

Die Brennnessel ist eine Marspflanze, was man auch an ihrer rötlich unterlaufenen Unterseite erkennen kann. Wie ein Heer aus feurigen Soldaten stehen die Pflanzen manchmal dicht gedrängt auf einer Wiese, wo sie von den Weidetieren verschmäht werden.

Du kennst die Brennnessel vielleicht als entwässernden Tee, der oft zur Entgiftung im Frühjahr oder bei einer Detoxkur getrunken wird. Auch bei rheumatischen Erkrankungen, bei denen sich Schlacken in den Gelenken abgesetzt haben, hilft die entgiftende Wirkung des Brennesseltees.

Aber nicht nur als Tee tut sie bei Rheuma ausgezeichnete Dienste. Die reine Feuerkraft der Brennnessel kommt durch die »Urtikation« (abgeleitet von ihrem lateinischen Namen *Urtica dioica*) zum Tragen. Dabei werden die betroffenen Gelenke mit den Stängeln der frischen Pflanze beklopft. Die Gelenke werden feuerrot und schwellen leicht an. Durch diese intensive Durchblutung werden die Giftstoffe, welche die Gelenkentzündung verursacht haben, mobilisiert und abtransportiert. Idealerweise kombiniert man die Teekur mit der äußerlichen Anwendung.

Rheuma ist generell eine Erkrankung, die mit Kälte einhergeht, sich in der feuchten, nassen Jahreszeit verschlechtert und auch eher lymphatische Typen betrifft. Feuer ist das perfekte Gegenmittel, um den kaltnassen Überschuss in dem System zu beseitigen.

Naturwesen – Feuer

Das Wesen des Elementes Feuer verkörpern die Salamander. Sie haben nichts mit den schwarz-gelben Eidechsen zu tun, den Feuersalamandern. Den wesenhaften Salamandern wird nachgesagt, dass sie in Vulkanen schlafen. Sie können Gewitter auslösen und reiten auf einem Blitz in Sekundenschnelle hinunter zur Erde, wo sie das Feuer nach einem Blitzeinschlag entfachen. Von ihrem Temperament her sind sie wild, mutig und lebhaft. Sie sind die Partylöwen in der spirituellen Welt. Salamander feuern dich an, aber Achtung: Sie sind auch kämpferisch und treiben dich womöglich in einen Streit.

DAS ELEMENT ÄTHER - ÄTHER VERBINDET

Ich spüre bei jedem Schritt den Boden unter den Füßen, mein Atem strömt ein und wieder aus. Um mich herum singen Vögel. Ich tauche tief in den gegenwärtigen Moment ein, der schon gleich darauf ein ganz anderer ist. So bewege ich mich durch den sich ständig wandelnden Raum, in dem alles ineinander und wieder auseinander fließt. Und ich bin mittendrin.

Das 5. Element

Du hast bisher die vier Elemente in ihrer reinen Form kennengelernt und in aller Tiefe erfasst, wofür sie stehen. Sie stellen die Basis dieser Welt dar, die Bausteine, aus denen alles aufgebaut ist. Alles Leben ist auf diese Grundprinzipien zurückzuführen. Aber natürlich ist es in der Natur nur sehr selten so, dass die Elemente isoliert voneinander, zu 100 Prozent rein, auftreten. Auch wenn ein Baum dem Element Erde zugeordnet wird, enthält er Wasser in seinen Leitbahnen und betreibt Fotosynthese, atmet also Kohlendioxid ein und Sauerstoff aus.

Das Geheimnis des Lebens besteht darin, dass in der Natur unendlich viele einzigartige Mischungen aus diesen Elementen vorkommen. So wie es nicht ein Blatt gibt, das ganz genau einem anderen entspricht, sind auch die Elemente in immer anderen Anteilen miteinander gemischt.

Es ist, als hättest du einen Farbkasten mit den drei Grundfarben, aus denen du jede andere Farbe mischen kannst. Wir haben uns bisher mit den einzelnen Farbtönen beschäftigt, was wichtig ist, um das Rot im Blau mit einem Stich Gelb zu erkennen. So kannst du mit deiner scharfen Beobachtungsgabe alles analysieren und in seine einzelnen Bausteine zerlegen.

Dabei wird dir auffallen, dass in der lebendigen Natur nichts statisch ist. Alles ist ständig in Umwandlung begriffen. Tatsächlich verändern sich fortlaufend die Anteile der Elemente und die Farben werden neu gemischt. Riesige Gebirgsketten (ERDE) wie der Himalaja oder die Anden werden stetig von den Regenfällen (WASSER) und der Schneeschmelze abgetragen und als kleine Sandkörner ins Meer gespült. Wenn die Sonne (FEUER) scheint, verdunstet das Wasser und wird zu

Wolken (LUFT), deren Regentropfen von den Wurzeln der Pflanzen (ERDE) gierig aufgesogen werden. So entsteht auf unserem Planeten ein immenses Kunstwerk, das pausenlos ineinander- und wieder auseinanderfließt, sich neu formt, nur um gleich darauf wieder zu zerfallen wie bei einem Blick durch ein Kaleidoskop.

So ist es auch mit dir: Alle Elemente sind in dir vertreten und je nachdem, was du machst, tritt das eine oder andere mehr hervor. Im Idealfall wechseln sich die herausragenden Elemente ab, sodass sie perfekt miteinander gemischt werden und in dir in Bewegung sind, sich ergänzen, unterstützen und zur Entfaltung kommen.

Der Raum für alles

Hier kommt nun das fünfte Element ins Spiel, das eigentlich kein Element im Sinne eines Bausteins ist, aus dem alles aufgebaut wird. Es ist vielmehr der Rahmen, der alles zusammenhält, der Raum, in dem es geschieht und geschehen kann. Ohne dieses fünfte Element, den Äther, würde alles auseinanderfallen. Der Äther ist diese geheimnisvolle Macht, die dem Ganzen das Leben einhaucht. Er ist die unsichtbare Verbindung, die zwischen den vier Elementen in all ihren Vorkommen besteht und ohne die nichts existieren würde. Es gäbe zwar den Farbkasten mit den drei Grundtönen, aber kein Bild, in dem die Farben in allen Variationen und Schattierungen zur Geltung kommen. Man könnte auch sagen, der Äther ist wie der Klebstoff, oder noch besser das Gleitmittel, das zwischen den vier Elementen wirkt.

Der Äther ist also schwierig zu fassen, und auch zu *er*fassen, weil er nicht materiell ist. Es ist das Wesen des Ätherischen, durchsichtig und durchscheinend zu sein. Und doch würde nichts stattfinden, wenn er nicht da wäre. Der Äther ist wie die Bühne, auf der die anderen Elemente miteinander tanzen.

Deswegen wird der Äther, das fünfte Element, auch als »Quinta Essentia« bezeichnet. In unserem heutigen Sprachgebrauch ist daraus die Quintessenz geworden. Damit bezeichnen wir das Wesentliche, das Wichtigste oder die Schlussfolgerung dessen, was wir aus dem bisher Gesagten ziehen können.

Der Äther ist der Träger des Klangs. Seine Prinzipien sind die Leere, die Freiheit und das Sein. Wenn du dich mit dem Äther verbinden möchtest, gelingt das am besten mit der Achtsamkeitspraxis: einfach sein und Raum geben für alles, was da ist. In die Leere hineinhorchen, in vollkommener Absichtslosigkeit betrachten und das »reine Gewahrsein« praktizieren. Gewahr werden bedeutet, etwas wahrzunehmen und zu registrieren, dass es da ist. Mehr nicht. Äther nährt die Fähigkeit, auf die Signale des Körpers, der inneren Stimme, der Ideen und Gefühle zu hören.

Eine weitere Erklärungsmöglichkeit für den unfassbaren Äther liefert die Quantenphysik, die beweist, dass die Materie, die wir als Realität wahrnehmen, gar nicht so massiv ist, wie sie uns erscheint, sondern zu 99,999 Prozent aus sogenannter »dunkler Materie« besteht, die kein leerer Raum ist. Es ist der Raum, der zwischen dem Elektron und dem Atom existiert und aus unendlich vielen kleinen Partikeln besteht, die auf tiefster Ebene in einem konstanten Kraftfluss miteinander verbunden sind.

Auf der spirituellen Ebene entspricht der Äther dem, was wir als kosmische Kraft, das morphogenetische Feld oder das kollektive Bewusstsein bezeichnen. Er ist der Raum der unbegrenzten Möglichkeiten, das unendliche Potenzial, in dem alles möglich ist. Äther bildet den Raum, in dem der Geist im Sinne des »Spirits« grenzenlose Vielfalt und Schönheit gestalten kann und dort auch manifestiert, was Realität wird.

Als Träger des Klangs nehmen wir den Äther als Ton über unseren Hörsinn wahr. Gleichzeitig ist er aber auch der Raum der Stille. Im Moment der Stille gibst du deinem Bewusstsein die Möglichkeit, Körper und Geist zu vereinen, indem du über alle Sinne genießen kannst und die manifestierte Schönheit erlebst. Dieser Raum der Stille birgt das große Potenzial in sich, unser Bewusstsein langsam weit werden zu lassen, bis wir das Sein und die gesamte Schöpfung als ganzes Bild wahrnehmen können.

Alles ist mit allem verbunden

Wir können nichts getrennt voneinander betrachten. Damit würden wir der Sache in keiner Weise gerecht werden. Das aufs Innigste miteinander verflochtene große Ganze zu entdecken, ist eine Lebensaufgabe, der sich große Dichter und Schriftsteller unseres Landes wie Goethe, Schiller oder Hesse angenommen haben. Sie haben ganz genau in die Natur hineingespürt, -gelauscht und -geblickt und gestaunt über das, was sie entdeckt haben. Es bedarf einer großartigen Sprache, um diese Wunder und Entdeckungen festzuhalten und auch anderen nahezubringen. Die Natur ist eine Quelle der Inspiration. Zugleich erklärt sie sich und die Prinzipien des Lebens selbst.

Auch nur einen kleinen Teil dieser Verbundenheit zu erfassen, reicht aus, um in Ehrfurcht zu staunen und uns selbst als kleinen Bestandteil allen Lebens auf dieser Erde zu verstehen. Nicht mehr und nicht weniger. Wir sind nicht die Herrscher über die Schöpfung, auch wenn sich manche so verhalten, wenn sie zum Teil massiv in die Natur eingreifen, um ihre eigenen Interessen zu vertreten. Und wir stehen ganz

und gar nicht außerhalb der Schöpfung, sondern sind ebenso wie alles andere Leben aufs Engste mit allen anderen Kreaturen verbunden. Wir bestehen wie alles andere auch aus den vier Elementen. Was uns als womöglich einziger Spezies vorbehalten ist: Wir können dessen aufgrund unseres Geistes gewahr werden. Das ist wahrlich ein großes Geschenk! In den Raum dieser absoluten Verbundenheit einzutauchen, ist ein unbeschreiblich schönes Gefühl.

Naturerleben

Am Weiher

Am Rand des Waldes liegt ein kleiner Weiher. Ich sitze zu Füßen der alten Buche und schaue über die runde Wasserfläche auf die Weide am anderen Ufer. Es ist mucksmäuschenstill, nur die Vögel singen im Hintergrund ihr Abendlied. Auf dem Wasser treibt reglos ein Entenpärchen in trauter Zweisamkeit, den Schnabel zwischen die Federn gesteckt. Der blaue Himmel mit kleinen Wölkchen darin spiegelt sich, eingerahmt von den Zweigen der Bäume, auf dem Wasser. Nichts regt sich. Doch dann entdecke ich die kleinen Mücken, die auf der spiegelglatten Wasseroberfläche anmutig ihr Ballett tanzen. Die Sonne bewegt sich weiter auf ihrer Laufbahn und scheint durch die Zweige nun direkt in mein Gesicht. Ich schließe die Augen und spüre tiefen Frieden.

Wir merken es daran, dass wir mit dem Äther verbunden sind, wenn alles wie von Zauberhand ineinandergreift. Du bist immer zur richtigen Zeit am richtigen Ort. Es erfordert eine große Präsenz und Aufmerksamkeit für alle Dinge, dass du die feinen Strömungen erkennst, dich ihnen hingibst im vollen Vertrauen, dass du von einer unsichtbaren Kraft geführt wirst. Sobald du dagegensteuerst und unbeugsam bist oder auch nur unaufmerksam wirst, fällst du aus diesem Strom heraus. Im Idealfall gleitest du auf dem Strom des Lebens dahin, der von allen Elementen gespeist und elegant geleitet wird.

NATUR-RETREATS

Retreat bedeutet Rückzug. Bei einem Natur-Retreat ziehst du dich dahin zurück, wo du herkommst: in die Natur. Hier kannst du dich mit allen Elementen aufladen und den natürlichen Ausgleich herstellen.

Die Elemente im Tagesablauf

Wenn du bis hierhergekommen bist, hast du die Qualität und das Wesen der vier Elemente kennengelernt. Forsche jetzt weiter! Wo und wie begegnen dir die Elemente in deinem Alltag? Was kannst du von ihnen lernen? Nicht immer haben sie eine Botschaft für dich, aber jedes Mal, wenn du sie erkennst, geben sie dir das Gefühl, eingewoben zu sein in das große Ganze. Du spürst, du bist eng verbunden mit den Grundbausteinen allen Lebens, und das gibt dir das Gefühl von Geborgenheit.

Wir sind ständig von den Elementen umgeben und es kann zu einer Leidenschaft führen, wenn du sie überall wahrnimmst, sowohl ihre Prinzipien als auch ihre pure Qualität.

Du erkennst das Element Wasser, wenn du morgens unter der Dusche stehst, ein Glas Wasser trinkst, es auf dem Weg zur Arbeit regnet oder du über einen Fluss fährst.

Du spürst die Luft mit jedem bewussten Atemzug, wenn du morgens das Haus verlässt und die Morgenluft schnupperst. Immer wenn der Wind durch deine Haare fährt oder du eine wunderschöne Wolkenformation am Himmel entdeckst, verbindest du dich mit der Luft. Die Feder auf dem Weg fällt dir auf und du registrierst jeden kleinen Vogel im Busch.

Das Feuer erkennst du in jedem Sonnenstrahl, der warm auf deine Haut fällt und deinen Tag erhellt. Kommst du ins Schwitzen, denkst du an das Feuer in dir, das nun gerade brennt, ebenso wenn du so richtig in Rage kommst, weil dich etwas aufregt. Du siehst die Funken der Begeisterung bei deinen Kindern oder Kollegen und freust dich über deine Energie, wenn du für etwas brennst.

Die Erde, diese wunderbare Erde, findest du in jedem Essen, das aus ihren Früchten entstanden ist. Du siehst diese ungeheure Fülle in jeder Blume und jedem Baum, in deinem Kühlschrank und in deinem Kleiderschrank. Du bist reich beschenkt und voller Dankbarkeit. Deine Füße finden Halt, die Erde trägt dich bei jedem Schritt und Tritt.

Elemente in dir und in den Lebensphasen

Jeder von uns ist eine einzigartige Mischung aus einer Vielzahl von Qualitäten der vier Elemente, die überdies nicht statisch, sondern ständig in Bewegung ist und sich deswegen über den Tag verteilt als auch in den einzelnen Lebensphasen ändern kann.

Kinder sind noch sehr stark damit beschäftigt, mit ihren Sinnen alles zu erkunden. Ihre Bedürfnisse sind körperlicher Art. Sie krabbeln auf der Erde, begreifen alles mit ihren kleinen Händen und staunen über jeden Kiesel und jede Blume. Bei kleinen Kindern herrscht das Element Erde vor. Als Jugendliche erwacht das Feuer in ihnen, sie sind leidenschaftlich, sowohl in der Liebe als auch in ihrem Tun bei Wettkämpfen oder ihrem Hobby. Sie sind voller Begeisterung dabei und ab und zu gehen mal alle Pferde mit ihnen durch vor lauter Energie, die gar keine Grenzen kennt. Sie stehen voll im Element Feuer.

Als Erwachsene sind sie oft sehr umtriebig. Es gibt jede Menge zu tun, der Job fordert einiges ab, eine Familie wird gegründet, das Heim gebaut und erhalten. Aber irgendwie kriegt man alles unter einen Hut mit einer Leichtigkeit, von der Menschen im hohen Alter nur träumen können. Das Leben fordert eine große Flexibilität und manches passiert gleichzeitig. Ständig gilt es, Entscheidungen zu treffen. In dieser Lebensphase finden wir das Element Luft vorherrschend.

Im Alter wird es dann ruhiger und man erkennt, dass das Leben ein langer, ruhiger Fluss ist, dem man sich getrost anvertrauen kann. Es gibt weniger zu tun und zu entscheiden, es geht vielmehr darum, zu beobachten und wahrzunehmen. Die Alten durchlaufen ihr Leben noch einmal und können rückblickend viel besser ihre Gefühle wahrnehmen und die eine oder andere Situation reflektieren. Ihr Leben hat nicht mehr diese strengen, eng getakteten Abläufe, es fließt mehr dahin und am Ende geben sie sich vollkommen hin, wenn der Fluss ins Meer mündet und sie ihre körperliche Form aufgeben.

Alles hat seine Zeit. Es ist vollkommen in Ordnung, wenn du im Alter weniger Feuerenergie hast und in jungen Jahren die Hingabe des Wasserelementes weniger ausgeprägt ist. Dennoch ist es – unter Berücksichtigung der Lebensphasen – wohltuend, auf eine harmonische Verteilung der Elemente zu achten.

Den Ausgleich herstellen

Nimm dir einen Augenblick Zeit, darüber nachzusinnen, wie die Elemente in deinem Leben verteilt sind. Wie zeigt sich das Wasser in deinem Leben? Welche Menschen triffst du, die überwiegend luftig sind? Woran erinnert es dich, wenn dir etwas leicht von der Hand geht und du zum Beispiel einen Text ganz flüssig schreiben kannst? Experimentiere ruhig ein bisschen damit: Welches Element fällt dir im Laufe des Tages am meisten auf? Was tut dir gut? Womit kommst du nicht zurecht? Wie kannst du andere Aspekte dieses Elementes in dir stärken, damit du nicht von diesem Element zu wenig hast?

Es ist ganz entscheidend, dass die Elemente in dir, ebenso wie in unserer Welt, im Ausgleich sind. Du kannst dir die vier Elemente wie ein Kreuz vorstellen, bei dem jedes Element einen der vier Striche ausmacht. Sind sie gleich lang, kannst du sie mit einer Linie zu einem runden Kreis verbinden. Es entsteht ein rund laufendes Lebensrad. Wenn ein Element zu kurz kommt, läuft das Rad nicht rund, sondern du eierst eher ein bisschen durchs Leben.

Am Ende des Buchs findest du einen Test, mit dem du feststellen kannst, welcher Elementetyp in dir vorherrschend ist. So lernst du dich selbst ein bisschen besser kennen und kannst auf einen Überschuss beziehungsweise Mangel eines Elementes eingehen. Sinnvoll kann es zum Beispiel sein, dich mit Menschen zu umgeben, die starke Elemente haben, von denen du zu wenig hast. Aber Achtung: In einer Beziehung kann es mitunter schwierig werden, wenn es kein gemeinsames Element gibt. In der Summe sind dann zwar alle vier Elemente auf zwei Personen verteilt, aber es gibt zu wenig Gemeinsamkeiten. Es fällt dann schwer, die Andersartigkeit als perfekte Ergänzung zu akzeptieren.

Im Miteinander kann es gute Ergänzungen geben, aber auch unvorteilhafte Konstellationen. »Die zwei sind wie Feuer und Wasser« beschreibt das sehr gut. Wasser im Übermaß löscht jedes Feuer und ein starkes Feuer bringt das Wasser vollständig zum Verdampfen. Die Kombination Wasser und Erde als hervortretende Elemente in einer Person machen den Menschen sehr schwer und träge: viel Gefühl, wenig Bewegung und kaum Energie oder Begeisterung. Ebenfalls ungünstig ist ein starkes Feuer mit viel Luft, da die Luft das Feuer noch stärker anfacht und es sich rasend schnell verzehrt, bis zum Burn-out.

Am einfachsten ist es, deine Elemente in der Natur auszugleichen, denn hier findest du im Idealfall eine harmonische Zusammensetzung. Ausnahmen sind Extremregionen wie Wüsten oder Hochgebirge und das Meer. Du gehst in die weitgehend unberührte Natur und dein System lädt sich mit dem auf, was es braucht. Wenn du regelmäßig in der Natur bist, ist das also die beste und einfachste Möglichkeit, die Elemente in dir zu harmonisieren. Für das gezielte Auffüllen eines der Elemente schaue dir noch einmal die Kraftorte und Übungen bei dem einzelnen Element an.

Meditation zur Verbindung mit den Elementen

Mit dieser Meditation widmest du dich drei bis fünf Minuten jedem Element und harmonisierst gleichzeitig die Elemente. Du kannst diese Übung bei jedem kleinen Ausflug in die Natur einbauen. Suche dir einen Platz in der Natur, an dem du dich sehr wohlfühlst und du für eine Weile ungestört bist.

- Wende dich in Richtung Norden. Schließe nun die Augen und verbinde dich mit dem Element Erde.
  Stelle dir das Element Erde in deinen eigenen Bildern vor: einen besonders kräftigen Baum, einen Wald, ein Gemüsebeet in dei-

nem Garten, einen weiten Acker, eine Höhle. Wenn du dies gut vor Augen hast, sende der Erde einen Gruß, indem du deinen Atem über die wie zu einer Schale geformten Hände zu ihr schickst.
Sprich nun laut oder leise:
»Mutter Erde, bitte fülle meinen Körper mit deiner Energie.«
Stelle dir nun vor, wie die Energie der Erde über deine Fußsohlen, deine Füße und deine Beine in deinen Körper strömt. Mit jedem Atemzug ein bisschen mehr.

- Wende dich nach einer Weile Richtung Westen, dem Element Wasser zu.
Hole dir auch hier Bilder vor Augen, die dich mit dem Element Wasser verbinden: den See, in dem du geschwommen bist, den Bach, dem du gelauscht hast, das weite Meer, auf das du blickst, den Regen, der erfrischend die Luft erfüllt. Wenn du die Verbindung spürst, dann schicke auch dort deinen Atem als Gruß hin.
Spreche dann die Worte:
»Mutter allen Wassers, bitte fülle meinen Körper mit deiner Energie.«
Stelle dir nun vor, wie die Energie des Wassers deinen ganzen Bauchraum füllt, mit jedem Atemzug etwas mehr.
- Nach einer Weile drehe dich in Richtung Süden und wende dich dem Element Feuer zu. Stelle dir nun ein wärmendes Feuer vor oder spüre die Sonne auf deiner Haut. Schicke auch hier zuerst einen Gruß an das Element Feuer. Sprich dann:
»Vater Sonne, bitte fülle mein Herz mit deiner Energie.«
Sauge nun mit jedem Atemzug die Energie des Feuers in deinen Brustraum auf.
- Wenn du genug Sonne getankt hast, drehe dich in Richtung Osten und wende dich dem Element Luft zu. Spüre den Wind in deinen Haaren, höre das Rauschen der Blätter und schicke auch

hier wieder deinen Atem über deine zu Schalen geformten Hände der Luft entgegen. Sprich dazu:
»Vater Wind, bitte fülle meine Kehle mit deiner Energie.«
Stelle dir nun vor, wie die Energie des Elementes Luft deinen Halsbereich durchströmt. Mit jedem Atemzug ein bisschen mehr.

- Genieße nun noch für eine Weile, wie du mit allen vier Elementen verbunden bist und dein Körper sich mit ihrer Energie vollsaugt.
- Bedanke dich zum Abschluss bei jedem Element auf deine Art, zum Beispiel, indem du die Hände vor der Brust zusammenlegst, dich verneigst und dazu sprichst:
»Danke, Vater Wind, für deine Energie.«
Dann drehst du dich wieder eine Vierteldrehung zurück Richtung Süden und bedankst dich beim Feuer, danach wieder eine Vierteldrehung weiter nach links Richtung Westen, um dich beim Element Wasser zu bedanken und zum Schluss im Norden beim Element Erde.

Genieße die tiefe Verbindung.

In der Natur zu Hause

Auch wenn du dir zunächst in der wilden Welt noch fremd vorkommst, so ist es doch unser ursprünglicher Lebensraum. Schon bald kennst du dich besser aus und triffst überall Freunde, nicht nur in deinem Viertel, sondern auch in noch unbekanntem Terrain. Du bist vertraut mit den Bäumen, kannst die Eigenarten einer Eiche von der einer Birke unterscheiden und weißt, an welchen Stellen sie gerne wachsen. Die Rotkelchen und Eichelhäher leben in jedem Wald und ihr Pfeifen und Krächzen ist dir vertraut. Selbst wenn du sie nicht siehst, hörst du, wo sie sind. Genauso geht es dir mit den Wildkräutern. Ich freue mich immer über die sonnengelben Huflattichblüten, ganz früh im Jahr, an Schuttplätzen und Wegrändern, und halte in feuchten Gebieten Ausschau nach den zarten Blättern des Gierschs. Und wenn ich in einem Waldstück fern meiner üblichen Wege die Blattrosetten oder purpurfarbenen Blütenstängel des Fingerhutes entdecke, freue ich mich sehr und begrüße meinen Pflanzenfreund.

Du lernst, die Zeichen zu sehen, beobachtest, wie langsam eine Windbö von einem Baum zum nächsten huscht und wie anders es sich anhört, wenn das Laub einer Pappel oder einer Buche im Wind rauscht. Schon von Weitem erkennst du, wo sich in einer Landschaft ein Bach schlängelt, weil die Erlen an seinem Ufer weithin sichtbar sind. Und wo immer du einen Ausblick auf die weite Landschaft erhaschen kannst, denkst du: »Das ist mein Land. Hier bin ich zu Hause!«

Das Schöne ist, dass du automatisch auch wieder mehr Kontakt mit deiner Natur aufnimmst. Denn je mehr du im Außen wahrnimmst, desto mehr spürst du auch dich selbst. Du wirst dir auch deiner subtilen, feinen Körperreaktionen bewusst, die dir anzeigen, was dir Freude macht und dein Herz weit werden lässt und was unweigerlich einen Druck im Magen auslöst.

Drei Tipps für dein Natur-Retreat

Um dich tief mit der Natur zu verbinden, ist es gut, ein paar Regeln zu beachten:

1. **Gehe allein**
   Du bist wesentlich offener für deine Umwelt, wenn du nicht durch ein Gespräch abgelenkt bist. Wann immer es dir in den Sinn kommt, kannst du stehen bleiben und staunen. Du machst so lange Rast, wie du möchtest, du suchst dir deine Plätze abseits des Weges ganz allein aus und achtest nur auf deine eigenen Impulse.
2. **Lass das Handy zu Hause**
   Es geht nicht nur um die Strahlung, von der eine Pause auch mal sehr guttut. Es ist die große Versuchung, doch einmal draufzuschauen, eine Nachricht zu beantworten, einen – dringenden? – Anruf anzunehmen, Fotos zu machen oder sonst etwas. Die Möglichkeiten der Ablenkungen sind mannigfaltig. Selbst wenn das Handy auf Flugmodus steht, kann es sein, dass du aus Gewohnheit immer mal wieder auf die Uhrzeit schaust oder es reflexartig zur Hand nimmst. Es bedarf einer großen Portion Selbstdisziplin, das Handy nicht anzurühren. Außerdem finde ich es spannend, mal ohne Handy unterwegs zu sein und festzustellen, wie ungewohnt das ist.
3. **Nimm dir ausreichend Zeit**
   Je nachdem, wo du hinfährst und ob du dir eine größere Tour vorgenommen hast, sollte die Zeit ausreichend bemessen sein. Du kannst dich nicht so gut entspannt mit allen Sinnen der Natur öffnen, wenn du zwischendurch immer wieder unruhig wirst, weil dir der nächste Termin im Nacken sitzt.

Was du für unterwegs brauchst:

- eine wasserdichte Sitzunterlage für deine Pausen auf womöglich feuchtem und kaltem Untergrund
- ausreichend warme Kleidung, um auch einmal länger still an einem Ort verweilen zu können
- je nach Dauer deines Ausflugs etwas zu trinken und eine Kleinigkeit zu essen
- Ich nehme gerne auch etwas zu schreiben mit, weil mir in der Stille der Natur oft sehr gute Ideen kommen, die ich sonst wieder vergesse, sobald ich in die Zivilisation zurückkehre.

Und dann geht es los!

Mit allen Sinnen wahrnehmen

Wenn du dich in die Natur zurückziehst, möchtest du ja ein wenig Abstand bekommen von der Zivilisation und allem, was dich darin beschäftigt und antreibt.

Das gelingt dir am besten, indem du dich bewusst auf deine Sinne konzentrierst. Unser Gehirn ist so konstruiert, dass nur eines geht: denken oder wahrnehmen. Deswegen funktioniert es so gut, dass du dein Denken ausschalten kannst, indem du deine oft vernachlässigten Wahrnehmungskanäle wieder aktivierst. Das ist übrigens auch eine wunderbare Bereicherung deines Lebens, das ohne das bewusste Nutzen deiner Sinne verarmt.

Wenn du deine Achtsamkeit schulst, kommt dir das in jeder Lebenssituation zugute, denn du kriegst viel mehr von dem Drumherum mit, erspürst den richtigen Augenblick und hältst dich zurück, wenn es angebracht ist.

Dass wir unsere Sinne so weit zurückgezogen haben, liegt oft daran, dass sie in der Stadt oder einem normalen Berufsalltag überbeansprucht und gestresst wären mit ihrer normalen Empfänglichkeit. In der Natur fällt es sehr leicht, die Aufmerksamkeit auf deine Sinne zu lenken, denn sie werden hier vielfältig und extrem wohltuend angesprochen.

Damit es auch wirklich gelingt, das Denken auszuschalten, ist es wichtig, bei all deinen Beobachtungen nicht zu analysieren, zu benennen oder zu bewerten. Der Verstand hat Pause. Es ist vollkommen egal, welche Baumart das ist und was du sonst noch alles aus dem Biologieunterricht weißt (oder eben auch nicht weißt: Wie hieß das noch mal?).

Lauschen

Mit unseren Ohren können wir räumlich wahrnehmen. Am besten gelingt es, wenn du deine Augen schließt. Horche aufmerksam auf jedes Geräusch: Wie hört es sich an, wenn der Wind die Blätter bewegt? Verfolge mit gespitzten Ohren, wie sich die Bö von einer Baumkrone zur nächsten bewegt. Kannst du den Unterschied heraushören, wenn derselbe Wind die Blätter einer Birke oder einer Buche bewegt oder gar in einer Fichte rauscht?

Welche Geräusche nimmst du noch wahr? Eine Fliege, die über ein trockenes Blatt krabbelt, das Summen der Insekten, ein Vogel, der im Laub nach Nahrung sucht? Vielleicht singen gerade die Vögel, dann versuche herauszufinden, auf welchem Zweig sie sitzen. Gibt es einen Vogel, der ähnlich singt? Antworten sie sich gar?

Oder lausche am Bach der Wassermusik und versuche alle an dieser Sinfonie beteiligten Klänge herauszuhören: Es rauscht und gluckst und gurgelt in ganz verschiedenen Tonhöhen. Lasse dich ganz hineinsinken und tauche mit deinen Ohren in die Klänge des Wassers ein.

Wenn es regnet, kannst du dich darin vertiefen, wie die einzelnen Regentropfen auf die Blätter fallen, als dicke Tropfen herunterrinnen und mit einem dumpfen Plopp auf dem weichen Boden landen.

Tipp: Halte deine Hände wie Schalen hinter deine Ohren. Mit diesen vergrößerten Ohrmuscheln hast du beinahe so empfindliche Lauscher wie ein Reh.

Entdecken

Die Augen sind bei den meisten Menschen der am stärksten ausgeprägte Sinn. Wir nehmen in jeder Sekunde unzählige Impulse über die Augen wahr. Durch die Flut der Eindrücke leidet jedoch die Intensität der Wahrnehmung.

Die Details gehen oft verloren. Betrachte einmal ganz genau die Form und Struktur eines Blattes: Wie sieht der Blattrand aus? Halte es gegen das Licht und betrachte das Muster der Blattnerven, die es durchziehen. Ist dir schon einmal aufgefallen, wie unterschiedlich die Rinde der Bäume aussieht? Wie viele verschiedene Grüntöne kannst du ausmachen? Was entdeckst du alles auf einem Quadratmeter Wiese? Besonders hinreißend sind Blüten mit ihren extravaganten Formen in leuchtenden Farben mit andersfarbigen Mustern und feinen Härchen …

Lasse deinen Blick umherschweifen: Bewegt sich da ein silberner Spinnfaden im Wind und glitzert in der Sonne? Vielleicht kommt dich ein neugieriges Rotkehlchen besuchen oder ein Schmetterling landet auf dir. Beobachte den faszinierenden Tanz der Mücken nach ihrer ganz eigenen Choreografie. Regen- oder Tautropfen verzaubern jedes Blatt und jeden Halm in ein schillerndes Kunstwerk.

Tipp: Du wirst beim absichtslosen Betrachten viele kleine und große Wunder entdecken. Belasse es dabei und staune wie ein Kind, statt zu analysieren und dem Moment dadurch den Zauber zu stehlen.

Spüren

Die Haut ist unser größtes Organ. Wir berühren damit ununterbrochen unsere Umwelt. Als Babys sind die sinnlichen Erfahrungen über die Berührung enorm. Wir erkunden unsere Umwelt und tasten uns an alles heran.

Spürst du die Sonnenstrahlen auf deiner Haut, den Wind in deinen Haaren und den Boden unter deinen Füßen? Streichle das weiche Moos, ertaste mit deinen Fingerkuppen die Rinde eines Baumes oder die Form eines Tannenzapfens. Wie piksig sind die Fichtennadeln oder die Schalen der Bucheckern? Tauche deine Hände in das kühle Nass eines Baches oder einer Quelle. Nimm einen Stein oder einen Ast in die Hand und umschließe ihn liebevoll mit all seinen Ecken und Rundungen.

Barfußlaufen ist ein sehr sinnliches Erlebnis! Wie zart doch die Laubblätter unter den Fußsohlen sind! Wie fühlt sich eine schattige, feuchte Stelle im Vergleich zu einem sonnenbeschienenen Weg an? Probiere einmal aus, den zumeist harten Untergrund des Weges zu verlassen und vorsichtig durch das weiche Laub zu laufen. Lass dir Zeit, den Boden unter dir in aller Sorgfalt mit deinen nackten Füßen zu erkunden. Welch Genuss ist es, morgens barfuß durch eine taunasse Wiese zu gehen!

Zunächst ist es sehr ungewohnt, aber schon bald werden sich deine Fußsohlen daran gewöhnen. Wenn du dann eine Pause machst und dich hinsetzt, wirst du spüren, wie wunderbar warm und lebendig sich deine sonst in enge Schuhe eingezwängten Füße anfühlen.

Tipp: Beim Barfußlaufen kräftigst du deine Muskulatur an den Füßen, was sich positiv auf deine ganze Aufrichtung auswirkt und so manche Knie-, Hüft- und Rückenbeschwerden verschwinden lässt.

Schnuppern

Der Geruchssinn ist ganz speziell: Alle Düfte werden direkt im limbischen System zu Emotionen verarbeitet. Über den Geruch werden sofort Erinnerungen geweckt. Deswegen stimulieren natürliche Düfte wie zum Beispiel die eines Waldes sofort positive Gefühle.

Besonders intensiv ist der mit ätherischen Ölen angereicherte Waldduft, vor allem nach einem Sommerregen. Aber auch der würzige Duft des Laubes im Herbst ist deutlich wahrnehmbar. Stell dir mal den Geruch nach frisch gemähtem Gras, duftendem Heu oder nach salziger Meeresluft vor! Wie riecht ein reifes Getreidefeld und wie der Raps? Wenn du vor die Tür trittst, wie riecht es heute: trocken und warm oder feucht und kalt? Liegt ein Blütenduft in der Luft oder die Süße des Herbstes?

Wenn du in der Natur unterwegs bist, nimm dir ruhig auch Zeit für deinen Geruchssinn: Zerkrümele frische Erde in deiner Hand, hebe die verrotteten Blätter auf und rieche daran oder streiche mit deiner Hand über ein Blatt, um seinen frischen Geruch noch besser wahrnehmen zu können. Vor allem Wildkräuter haben da einige Überraschungen parat!

Tipp: Du kannst deinen Geruchssinn trainieren. Wenn du dich öfter auf das Riechen konzentrierst, wirst du bald auch noch feinere Nuancen erschnuppern können.

Schmecken

Beim Geschmackssinn solltest du sehr vorsichtig sein. Wenn du dich gut auskennst, kannst du von den essbaren Wildpflanzen kosten. Es ist ein großartiges Geschmackserlebnis, Gänseblümchen, Veilchen, Löwenzahn oder Giersch auf der Zunge zergehen zu lassen! Du kannst aber auch deinem mitgebrachten Picknick – einem Apfel, ein paar Nüssen oder einem Müsliriegel – deine besondere Aufmerksamkeit schenken und es bewusst mit allen Geschmacksfacetten genießen.

Bei allen Wahrnehmungen geht es nicht darum, zu analysieren und etwas mit dem Verstand zu erfassen, sondern darum zu staunen. Die Natur steckt voller großer und kleiner Wunder, die du beim absichtslosen Wahrnehmen entdecken kannst. Die kindliche Freude darin bringt dich in den gegenwärtigen Augenblick und schenkt dir Glücksmomente.

Tipp: Lege dir die Nuss, das Blatt, die Brombeere oder was auch immer du kosten möchtest zunächst einfach auf die Zunge und bewege die Kost im Mund hin und her, bevor du sie zerkaust. Wie fühlt es sich an? Was schmeckst du jetzt schon? Das anschließende Kauen wird zu einem noch größeren Geschmackserlebnis!

Der Ruf der wilden Seele

Bei einem Natur-Retreat verbindest du dich mit der Wildnis, mit der freien, ungezügelten Kraft der Natur, und nährst damit auch deine wilde Seele. Ganz oft ist unser ursprüngliches Sein beschnitten und gezähmt worden, meist in der Kindheit unbewusst von unseren Eltern, später in Kindergarten und Schule durch strenge Regeln und Lehrpläne. Auch in der Ausbildung und später im Berufsleben haben wir gelernt, uns anzupassen und Aufträge zu erfüllen, die wir gar nicht mochten, Dinge zu lernen, die uns nicht interessierten. Das alles hat Raum eingenommen, der unserer wilden Seele für ihre Entwicklung nicht mehr zur Verfügung stand. Bestimmte Anteile unserer Seele sind dadurch verkümmert. Wir halten sie wie ein wildes Tier im Käfig in unserem Herzen gefangen.

So wie wir uns selbst zurückhalten, hält der Mensch auch die Natur im Zaum, ob im Garten, in der Landwirtschaft oder in den Städten und an den Autobahnen. Überall wird geschnitten, entwurzelt und verdrängt. Wenn wir in einer solchen gezügelten Natur leben, fällt es uns gar nicht mehr so sehr auf, wie stark wir uns auch selbst in unseren Bedürfnissen beschneiden und unsere wilde Seele einengen. Sind wir aber wieder in der freien Natur, so verbinden wir uns automatisch mit der ungebremsten Vitalität alles Lebendigen. Alles um uns herum sprießt und wächst, wird genährt und gedeiht, genau so, wie es im Innersten, im Ursprung, im Samen einer Pflanze angelegt ist. Da kommt niemand und sagt: »Das ist nicht richtig«, »Sei nicht so laut« oder »Bring dich mal mehr ein«. Alles darf genau so sein, wie es ist. Das Wasser in einem natürlichen Bachlauf bahnt sich seinen Weg. Aus einer Quelle sprudelt es unablässig hervor, einfach aus sich selbst heraus. Niemand sperrt die Luft ein und lässt sie – wie in den Klimaanlagen – durch enge Partikelfilter strömen, um sie von allen störenden Bestandteilen zu säubern.

Allein diese Vorstellung einer ungezähmten Natur wirkt schon sehr befreiend! Und ich verspreche dir, dass du spätestens nach drei Tagen in der Natur selbst auch ein bisschen »ausgewildert« bist. Deine Augen strahlen mehr Lebendigkeit aus und leuchten von innen heraus. Die Haare sind offen und nicht streng in einer Frisur zusammengehalten, deine Kleidung ist bequem und funktional. Dein Gang ist frei und geschmeidig, dein Herz ist offen. Du bist in Kontakt mit deiner Seele und fühlst dich voll und ganz angenommen, denn in der Natur gibt es nichts und niemanden, der urteilt oder kritisch auf dich schaut. Niemand stellt offene oder verdeckte Erwartungen an dich. Ohne Gegenleistung bekommst du so vieles von der ganzen Schöpfung geschenkt: den Gesang der Vögel, das Rauschen des Baches, die frische Luft und die Früchte der Erde. Du gibst, wann immer du möchtest, so viel, wie aus dir herausfließt. Alles ist genau so gut, wie es ist.

Was Wildnis mit dir macht

Du kannst dir jetzt bestimmt schon sehr gut vorstellen, welche Auswirkungen Natur-Retreats auf dich haben. Dein innerer Kern wird gestärkt. Du bekommst mehr Selbstsicherheit und Selbstvertrauen, weil dir niemand reinredet und dich anders haben möchte, als du bist. Weil du keine Energie dafür aufwenden musst, es allen recht zu machen, dich anzupassen und in eine angesagte Form zu bringen, hast du viel mehr Kraft und Ruhe. Wir unterschätzen leicht, wie viel Zeit und Geld wir darauf verwenden, um den Konventionen zu entsprechen und in der Gesellschaft gut anzukommen. Es geht nicht darum, dass du dauerhaft zu einem Waldschrat wirst, der auf alles verzichtet, sondern darum, einmal gezielt wahrzunehmen, wer du bist, wenn alle Erwartungen an dich, die du selbst und andere an dich stellen, von dir abfallen.

Es dauert eine Weile, bis wir diese Beherrschung, die Contenance, mit der wir alles zusammenhalten, tatsächlich fallen lassen können. Am ersten Tag baust du die Schicht langsam ab, welche die Zivilisation mit sich bringt und die zwischen dir und der Natur steht. Am zweiten Tag stellst du überrascht fest, was alles überflüssig oder zumindest entbehrlich ist in deinem »normalen« Tagesablauf, wie Kleider raussuchen, schminken und vieles andere. Die Masken fallen und Gelassenheit macht sich breit. Am dritten Tag saugst du ohne trennende Schichten ungefiltert die volle Lebenskraft auf. Die frische Energie steht dir ins Gesicht geschrieben.

Wenn du von einem Natur-Retreat zurückkommst, fühlst du dich energiegeladen, vollkommen entspannt und sagenhaft erfüllt. Wo vorher Stress und Unbehagen waren, machen sich jetzt Leichtigkeit und Freude breit. Du strahlst über das ganze Gesicht und bist wie verwandelt, denn alles Künstliche und Aufgesetzte ist im Wald zurückgeblieben. Wie wenig du doch zum Leben brauchst und wie befreiend das ist!

Nach und nach wird sich dein ganzes Leben verändern, weil du voller Energie und gut geerdet bist. Du spürst dich jetzt selbst immer mehr und immer besser. Das führt dazu, dass du die Dinge in deinem Leben, die dir nicht guttun, immer öfter aus deinem Terminkalender streichst. Stattdessen kommen dir Ideen in den Sinn, die dein Leben wirklich bereichern, weil sie aus deinem Innersten entspringen. So können wir es schaffen, in der Wildnis immer mehr zu unserem ureigenen Sein zurückzukehren.

Die Natur als Spiegel

Wann immer du in der Natur bist, befindest du dich in einem belebten Lebensraum, mit dem du durch feinstoffliche Energieströme aufs Engste verbunden bist. Du kannst dir das so vorstellen, als würdest du ins Wasser eintauchen. Jede deiner Bewegungen löst einen Druck aus, der als Schwall weitergegeben wird. Die Wellen, die von einem Stein ausgelöst werden, der ins Wasser geworfen wird, dehnen sich unendlich aus. So ist es auch mit der Luft. Alles und jedes hat wie dein Körper auch eine Aura, einen unsichtbaren Feinstoffkörper, der dich wie eine zarte Hülle umgibt. Allein darüber bist du in einem von vielen Lebewesen bewohnten Raum wie einem Wald oder einer blühenden Sommerwiese mit allem verbunden. Die Vögel, Mücken, Ameisen, Käfer und alle anderen größeren und kleineren Tiere bewegen sich ständig hin und her und erzeugen so ein dichtes Netz von Energiefäden, in dem du dich nun bewegst. Sie dienen der Kommunikation, indem energetische Informationen übertragen werden. Du gibst mit deinen Bewegungen, aber auch deinem Denken und sogar mit deinem einfachen Sein Informationen in dieses Netz. Und dein Umfeld reagiert darauf. Wundere dich also nicht, dass, wenn du eine Frage in den Raum stellst oder eine bestimmte Absicht formulierst, kurz darauf eine Reaktion kommt. Du erinnerst dich: Alles ist mit allem verbunden. Es gibt keine Zufälle.

Das veranschaulicht ein kleines Beispiel:

Naturerleben

Herbstspiele

Es ist Herbst, die Sonne wärmt und es ist ein windstiller Abend. Ich spiele mit meiner Tochter auf der Straße Federball. Am Straßenrand steht eine alte Buche, die dieses Jahr wieder eine Flut von Bucheckern produziert hat. Ihre große Baumkrone reicht bis weit über die Straße, allerdings sind ihre unteren Zweige noch so hoch, dass der Federball nicht darin hängen bleibt. Aber irgendwie spielt sie mit, diese alte Buche. Es ist ein herrlicher Abend und wir lachen viel. Nach einer Weile lässt die Buche ohne irgendeinen Windeinfluss jede Menge Bucheckern fallen, die mit einem leisen Klackern auf die Straße fallen. Zum Schluss kriegt sie doch noch einen Ball und hält ihn bis zum nächsten Morgen fest.

Die Zeichen erkennen

Auch wenn ich bei einem Naturcoaching mit meinem Gast in der Natur unterwegs bin, beobachte ich zeitgleich immer auch, was um uns herum passiert. So kann es sein, dass an einem bestimmten Punkt im Gespräch eine Krähe laut wie zur Bestätigung krächzt, dass der Baum, unter dem wir stehen, nach einem Regen dicke Wassertropfen auf den Boden plumpsen lässt oder dass am Ende eines Rituals ein Schwarm Kraniche mit ihrem magischen Grü-Grü über den Himmel zieht. Ich habe es auch schon erlebt, dass ein Biber unser Ritual dadurch beendet hat, dass er mit seiner Schwanzflosse laut aufs Wasser geklatscht hat oder ein Regenbogen erschienen ist, als wir mit einem wunderbaren Ergebnis aus dem Wald kamen.

Halte also Augen und Ohren offen und beobachte ganz genau, was um dich herum passiert. Die Natur kommuniziert pausenlos mit dir, allerdings in einer anderen Sprache, die du erst lernen musst. Es sind in der Regel keine langen Sätze, sondern eher Zeichen der Bestätigung, eine Unterstreichung oder Hervorhebung, die dir sagt: Das ist wichtig. Wenn du ohne Plan unterwegs bist, gibt dir die Natur manchmal auch ein Zeichen für eine Richtungsänderung oder das Ende einer Pause, wenn du gerastet hast.

Grundsätzlich wirst du deine Aufmerksamkeit bei jedem kürzeren oder längeren Aufenthalt in der Natur auf das richten, was um dich herum passiert. An dieser Stelle möchte ich deine Wahrnehmung dafür schärfen, dass das alles etwas mit dir und womöglich deiner Frage zu tun hat, falls du dir eine gestellt hast oder mit einem Thema unterwegs bist.

Das Unterbewusstsein befragen

Eine weitere Art, mit der Natur zu kommunizieren, ist die der auftauchenden Bilder. Mit unserem Denken erfassen wir nur drei Prozent der Informationen um uns herum. Der größte Teil der Wahrnehmung läuft über unser Unterbewusstsein ab. Es ist also höchst interessant, wenn du dir selbst und deinem Thema auf die Schliche kommen möchtest, dein Unterbewusstsein miteinzubeziehen. In der Natur gibt es dazu ein unendlich großes Feld der Inspirationen. Während du also absichtslos draußen unterwegs bist, vollkommen gedankenverloren, zieht dich etwas an, das du gerne näher anschauen möchtest oder bei dem deine Aufmerksamkeit eine Weile ruht. Aus der Fülle der Eindrücke bleibst du ausgerechnet an diesem Anblick hängen, weil das Bild genau mit dir in Resonanz geht. Wenn mehrere Menschen auf derselben Strecke unterwegs sind, nimmt jede*r etwas anderes wahr. Interessant, oder? Unter Umgehung des Verstandes kommunizieren Bilder direkt mit unserem Unterbewusstsein und liefern uns damit hochinteressante Hinweise, auf die wir mithilfe des Nachdenkens niemals kommen würden.

Was können das für Bilder sein?

- Ein umgestürzter Baum
- Ein Schwanenpärchen auf dem See
- Wie Enten mit aller Anstrengung versuchen, gegen die starke Strömung zu schwimmen
- Ein Lichtblick im Himmel, wo die Sonne durch die Wolken strahlt
- Zwei ineinander verschlungene Bäume
- Eine Feder auf dem Weg
- Zwei miteinander Fangen spielende Eichhörnchen
- Ein besonders geformtes Blatt
- Eine Flechte auf der Rinde, die wie ein Herz aussieht
- Ein bemooster Stock, der wie ein Pfeil in eine Richtung zeigt

Du merkst schon, diese Liste könnte ich unendlich weiterführen. Was du mit diesem Bild verbindest, hängt ganz von dir ab. Erdrücken sich die beiden umschlingenden Bäume oder lieben sie sich? Sind die Enten in die falsche Richtung unterwegs oder haben sie besonders viel Kraft? Spielen die Eichhörnchen miteinander oder streiten sie sich?

Hier gelten deine ersten Impulse dazu. Sie geben dir wertvolle Hinweise auf deine Frage oder zu deinem Thema. So kannst du beim absichtslosen Umherstreifen in der Natur weitaus mehr über dein Innerstes, deine Wünsche oder Blockaden lernen als in einem geschlossenen Raum.

Wichtig dafür ist nur, dass du dir, bevor du losgehst, eine konkrete Frage stellst, damit du die Antworten der Natur auch zuordnen kannst.

So kann dein Natur-Retreat aussehen

Es gibt unendlich viele Möglichkeiten, mit der Natur wieder engeren Kontakt aufzunehmen, denn alles auf dieser Welt ist aus den vier Elementen gemacht. Sie begegnen dir also überall! Die Frage ist nur, ob du sie bewusst wahrnimmst. Nicht immer kann unsere Aufmerksamkeit ganz auf der Natur liegen und das ist auch gar nicht nötig. Um deine Sehnsucht nach der Natur zu stillen, gibt es viele, viele Gelegenheiten. Mit der Zeit wirst du dir selbst deine eigenen Rituale kreieren und deine Vorlieben finden.

Deswegen beschreibe ich hier einige Möglichkeiten, Zeit in der Natur zu verbringen, die dich zu kleinen und größeren Natur-Retreats inspirieren mögen.

Wenn du viel Zeit hast

Mit »viel« meine ich, dass du dir gezielt ein Zeitfenster für deinen ungestörten Aufenthalt in der Natur eingeräumt hast. Das können zwei Stunden oder zwei Tage sein. Damit du wirklich in den tiefen Kontakt mit deiner Seele kommst, empfehle ich dir tatsächlich, allein unterwegs zu sein oder mit Menschen, die sich ebenfalls auf ein tiefes Naturerleben einlassen möchten. Wenn man zu zweit im Wald unterwegs ist und dabei die ganze Zeit vom letzten Urlaub auf Sylt redet, ist das kein Natur-Retreat. Es geht darum, im Hier und Jetzt zu sein, wahrzunehmen, wie das Wetter heute ist, welche Themen aus dir heraus ganz vorsichtig und zart an die Oberfläche kommen. Das geht nicht, wenn du über die Tagesgeschehnisse diskutierst, dir die Sorgen von anderen anhörst oder selbst in die Zukunft oder Vergangenheit abschweifst.

Visionssuche

Wofür bist du auf die Welt gekommen? Was ist der nächste Schritt? Wie kannst du die Leere in deinem Leben füllen? Welche Entscheidung ist die richtige? Es gibt einige hochkarätige Fragen, die nicht auf die Schnelle zu beantworten sind. Bestimmt hast du selbst auch schon mal die Erfahrung gemacht, dass jemand anderes, dein Partner, ein Elternteil oder deine beste Freundin, ein Mensch also, der dich gut kennt, in einer schwierigen Situationen einen gut gemeinten Rat gegeben hat, der sich für dich nicht stimmig angefühlt hat. Meistens ist es auch so, dass dir jeder, den du fragst, etwas anderes rät. Am Ende bist du noch mehr verwirrt als vorher. Die knallharte Wahrheit ist: Niemand, wirklich niemand weiß, was für dich das Beste ist, außer du selbst.

Wenn du verzweifelt auf der Suche nach einer Entscheidung bist, mag das frustrierend sein. Im Kern ist es allerdings zutiefst beruhigend, denn es bedeutet, dass die Antwort in dir liegt. Du weißt es im Prinzip schon, du musst es nur noch an die Oberfläche holen. Für manch eine schwerwiegende und folgenreiche Entscheidung brauchst du Zeit, Ruhe und Vertrauen, dass die Antwort zu dir kommt. Du brauchst eine Vision, ein Bild, das aus dir heraus entsteht und das dich auf deinen Weg führt.

Bei einer Visionssuche, einem »Vision Quest«, begibst du dich allein in die Natur und gehst in engen Kontakt mit der Wildnis. In der Regel dauert eine Visionssuche vier Tage und drei Nächte, die du in deinem selbst gebauten Camp fastend verbringst. In dieser Zeit wirst du viel erleben, obwohl du dich nur wenige Meter in deinem festgelegten Kreis bewegst. Alles, was dir begegnet, hat mit dir und deiner Frage zu tun. Du weißt nicht, was auf dich zukommen wird, nur eine Begegnung ist sicher: die mit dir selbst.

Es gibt viele Angebote von Wildnisschulen und Naturcoaches, die dich professionell bei einer Visionssuche begleiten (www.visionssuche.net). In den Tagen vor der Solozeit in der Wildnis wirst du gut vorbereitet, erfährst viel Wissenswertes und erhältst praktische Tipps, auch zum Umgang mit deinen Ängsten. Nachdem du feierlich verabschiedet worden bist, hüten die Visionssucheleiter*innen das Feuer und bleiben energetisch mit dir in Verbindung, sodass du dich sicher fühlen kannst. Deine Rückkehr wird ebenso gefeiert und du wirst im Kreis willkommen geheißen. Dort ist Zeit und Raum, um über alle Erlebnisse und Erkenntnisse zu sprechen.

Die Visionssuche geht auf indianische Initiationsriten für junge Erwachsene zurück, die Meredith Little und Steven Foster (inzwischen verstorben) an der School of Lost Borders in Kalifornien an heutige Zeiten adaptiert haben.

Eine Visionssuche ist eine sehr wertvolle und intensive Möglichkeit für ein besonders tiefgehendes Natur-Retreat, an das du dich immer erinnern wirst.

Der Schwellengang

Eine verkürzte Form der Visionssuche ist der sogenannte Schwellengang, bei dem du sinnbildlich und ganz praktisch zu Beginn deines Naturaufenthaltes eine Schwelle übertrittst.

Dafür kannst du dir selbst einen Ast suchen, den du über den Weg legst, oder du beginnst deinen Weg ganz gezielt, etwa an einem umgestürzten Baum oder einer kleinen Brücke über einen Bach.

Vor dem Übertreten der Schwelle formulierst du ganz deutlich deine Frage und bedankst dich für die Unterstützung der Natur. Ich empfinde es als sehr stimmig, mich und mein Anliegen kurz vorzustellen und klarzumachen, mit welcher Absicht ich unterwegs bin, zum Beispiel mit diesen Worten:

»Ich bin Anita und komme, um eine Antwort darauf zu finden, ob Schritt A oder B für mich jetzt genau richtig ist. Ich danke allen Wesen des Waldes für ihre Unterstützung und bitte um eine Lösung zum höchsten und besten Wohle aller.«

Dann nehme ich ein Geschenk für die Naturwesen (ich wähle am liebsten Sonnenblumenkerne, aber auch Tabak oder Nüsse sind gern gesehen), puste meine Liebe hinein und finde einen guten Platz dafür, beispielsweise an einem Baumstamm, auf einem Stein oder in einer Astgabel.

Danach übertrete ich rituell die Schwelle und befinde mich nun ganz bewusst in einer anderen Welt. Meinen Alltag, mein Wissen, meinen Verstand, der alles analysiert, lasse ich zurück und begebe mich in eine magische Welt. Mein Weg ist nicht vorherbestimmt, ich lasse mich leiten und streife kreuz und quer umher, bleibe stehen, wo ich mag, lasse mich nieder, bleibe so lange sitzen, bis der Impuls kommt aufzustehen und weiterzugehen. Ich lasse meinen Blick umherschweifen, hebe etwas vom Boden auf, betrachte es, rieche daran, spüre das weiche, feuchte Moos, schließe die Augen und lasse das Spiel von Licht und Schatten auf meinen geschlossenen Augenlidern tanzen. Ich lasse alles auf mich wirken und werde von dem Zauber der Natur berührt. Es gibt nichts zu tun. Ich werde geführt und vertraue meinem Gefühl immer mehr. Was geschieht ohne mein Zutun? Was fällt mir vor die Füße? Welche Begegnungen ergeben sich? Woran bleibt mein Auge hängen?

Am Ende übertrete ich dieselbe – oder eine andere – Schwelle und gehe ganz bewusst wieder aus der magischen Welt heraus. Ich bedanke mich für alles, was mir gezeigt wurde.

Auch wenn du vielleicht noch nicht die konkrete Antwort bekommen hast, die du dir gewünscht hast, war dein Schwellengang ein wichtiger Meilenstein. Sei geduldig mit dir. Kann es sein, dass du dich erst mit der Sprache der Natur vertraut machen musst? Beim nächsten Mal wirst du schon entspannter starten und deiner Intuition immer leichter vertrauen. Auf jeden Fall kommst du entspannt und gelöst zurück – die beste Verfassung, um aus festgefahrenen Gedankenkreisen auszubrechen und neue Lösungsansätze zu entdecken.

Für einen Schwellengang brauchst du mindestens einen Nachmittag Zeit. Es dauert eine Weile, bis du dich entspannst und deine Wahrnehmung geschärft ist. Ein Schwellengang ist eben etwas anderes als eine Naturbeobachtung. Ideal ist es, wenn du für deinen Schwellengang bei Sonnenaufgang startest und bei Sonnenuntergang zurück bist.

Beginne zunächst mit kürzeren Naturerlebnissen, falls du noch nicht sehr erfahren darin bist, viel Zeit allein in der Natur zu verbringen. Oft ist es auch gut, dieses intensive Natur-Retreat professionell begleiten zu lassen. Dann bist du in einem bekannten Terrain unterwegs, fühlst dich verbunden und hast vor allem jemanden, mit dem du über deine Erlebnisse und Erkenntnisse sprechen kannst.

Eine Nacht unter tausend Sternen

Es ist ein großartiges Erlebnis, unter freiem Himmel zu schlafen! Und ein wahres Abenteuer, nicht nur beim ersten Mal. Wir sind es nicht mehr gewohnt, ohne Dach über dem Kopf zu schlafen, auf dem nackten Boden und dann auch noch ohne seitliche Wände, die wilde Tiere fernhalten, von der Spinne bis zum Wildschwein. Ja, das ist aufregend! Und genau diese kleinen Abenteuer machen unser Leben doch so bunt. An eine Nacht unter tausend Sternen wirst du dich noch lange erinnern, vor allem, wenn dich ein Regenschauer überrascht oder ein Igel besucht hat.

Was du brauchst:

- eine gute Isomatte (selbst aufblasend, möglichst dick), eventuell eine Plane oder Picknickdecke zum Unterlegen
- Schlafsack, am besten mit Kapuze
- Kopfkissen
- Stirnlampe oder eine andere Taschenlampe
- eventuell eine Hängematte

Besonders angenehm ist es, im Sommer draußen zu schlafen. Dass man auch als berufstätige Erwachsene in unseren Breitengraden das ganze Jahr über mal im Freien übernachten kann, haben Beate und Olaf Hofmann bewiesen. In ihrem Buch *Leben mit tausend Sternen* beschreiben sie, wie sie ein Jahr lang jeden Monat eine Nacht in der Wildnis verbracht haben. Das war oft eine Überwindung und Herausforderung, aber auch ein unvergessliches Erlebnis!

Egal, wann du eine Draußennacht planst, überlege dir im Voraus genau, wohin du gehst, damit du dir einen ebenen und sicheren Platz zurechtmachen kannst. Gibt es für alle Fälle eine Schutzhütte oder kannst du eine dafür vorgesehene Plane (Tarp) spannen, falls es anfangen sollte zu regnen? Vielleicht ist es möglich, dort auch ein Feuer zu machen – das ist allerdings längst nicht überall erlaubt und in der Trockenzeit natürlich streng verboten. Es ist einfach herrlich, es sich in einem warmen Schlafsack, auf einem Fell am Lagerfeuer gemütlich zu machen: Das Feuer knistert und wärmt, dein Blick wandert hinauf zu den Sternen und hält nach Sternschnuppen Ausschau, bis die Augenlider so schwer werden, dass sie zufallen.

(Am Feuer achte bitte unbedingt darauf, dass kein Funkenflug deinen Schlafsack entzünden kann oder du versehentlich in der Nacht mit deinem Schlafsack zu nah ans Feuer kommst.)

Ich habe für mich eine wunderbare Alternative zur Isomatte auf dem Boden entdeckt: die Hängematte. Mit praktischen Gurten, die es als Zubehör für Hängematten gibt, kannst du dein Nachtlager aus Fallschirmseide mit wenigen Handgriffen direkt zwischen zwei stabile Bäume spannen. Den geeigneten Abstand findest du schnell heraus. In die Hängematte lege ich meine Isomatte. Das ist ein Muss, denn sonst wird es trotz des wärmsten Schlafsacks zu kalt von unten. Beim nächtlichen Einsteigen schwingt die Hängematte noch eine geraume Weile sachte hin und her. Wenn ich darinliege, blinzeln durch das Schaukeln die Sterne zwischen den Zweigen der Bäume hindurch. Magic!

Ich empfinde es auch als Vorteil, dass mir keine kleinen und größeren Krabbeltiere in der Nacht zu nahe kommen können. Außerdem brauchst du keinen trockenen und ebenen Untergrund.

Wenn es dir zu aufregend ist, allein im Wald zu schlafen, kannst du dich mit mehreren zusammentun. Ich erinnere mich an ein Frauen-Wildnis-Camp, bei dem dann in der Nacht sechs bunte Hängematten im Wald verteilt hingen. Es war zwar jede für sich, aber wir waren, wenn auch in der Nacht nicht in Sichtweite, so doch aber in Hörweite voneinander entfernt, für alle Fälle. Es war in dieser Nacht mucksmäuschenstill.

Noch mehr Komfort hast du, wenn du eine Nacht in deinem eigenen Garten verbringst. Der Vorteil ist, dass du bei überraschendem Regen schnell ins Trockene ziehen kannst, aber es ist eben auch weit weniger Abenteuer. Dafür entschließe ich mich im Sommer recht oft auch kurzfristig dazu, draußen zu schlafen. Das erste Mal haben meine Nachbarn zwar komisch geschaut, aber dann haben sie sich daran gewöhnt, dass ich frühmorgens aus meiner Hängematte krabbele, nachdem mich ein fröhliches Vogelkonzert geweckt hat.

Naturerleben

Im Morgengrauen

Der Gesang einer Amsel weckt mich. Sie ist wie immer die Erste, die mit ihrem Solo das Konzert eröffnet, noch bevor die Sonne aufgegangen ist. Dann wird das Vogelkonzert immer vielstimmiger und dichter. Ich lasse mich hineinsinken und schlafe zusammengerollt wie ein Eichhörnchen wieder ein. Als ich die Augen wieder öffne, ist der Himmel über der großen Eiche schon hellblau.

Es war kalt heute Nacht: Über dem spiegelglatten Wasser des Flusses ziehen zarte Schleier dahin und ich sehe meinen Atem. Zum Glück ist an der Feuerstelle unter der Asche noch Glut, sodass sich mit kleinen Zweigen das Feuer leicht wieder entfachen lässt. In der gusseisernen Kanne ist das Wasser schnell heiß und ich freue mich auf einen heißen Kaffee. Ein neuer Tag beginnt. Was wird er bringen? Was möchte ich heute erleben? Wer möchte ich sein? Welche Abenteuer warten auf mich?

Ein Tag zum Staunen

Auch ohne direkten Auftrag wie bei einem Schwellengang kannst du dir am Wochenende oder im Urlaub ausreichend Zeit nehmen, die du ganz bewusst in der Natur verbringst. In den Kapiteln zu den Elementen findest du einige Übungen, die du an diesem Tag sehr gut machen kannst. Je nachdem, wohin es dich führt, setze dich ans Wasser, lausche dem Wind, lass dich von der Sonne verwöhnen und genieße die Fülle und Schönheit. Bei allem, was du machst und was dir begegnet, lasse dich ganz neugierig darauf ein und staune. Staune wie ein Kind, betrachte jeden Grashalm, jede Wolke, jedes Glitzern und Krabbeln, als hättest du es noch nie gesehen! In den meisten Fällen stimmt das sogar, denn wann hast du diesen Käfer genau so intensiv schon einmal beobachtet?

Die kindliche Neugier ist das Tor zu einer Welt der Wunder. Es öffnet sich für dich, wenn du deinen scharfen Verstand, der schon alles kennt oder gleich analysiert und zuordnet, mal in die hintere Ecke setzt und stattdessen alle deine Sinne nach vorn holst.

Staune, staune, staune! Wie sich ein Farnblatt entrollt und sein goldener Flaum im Frühlingslicht leuchtet, über die kleinen Kelche, die das Bechermoos auf dem Stein aufgestellt hat, über die Spinnweben, die sich wie zarte Tücher im Wind bewegen, und wie sich die Tannenbäumchen im Wald mit glitzernden Wassertröpfchen geschmückt haben. Ich garantiere dir, du wirst etwas entdecken, das du noch nie gesehen hast, und es wird dich entzücken!

Sowohl im Kleinen sind viele Wunder verborgen als auch im Großen. Mir gefällt es, den Blick immer wieder auch auf das große Ganze zu richten, also die filigrane Maserung eines Blattes anzuschauen und dann auch den riesigen Baum in Augenschein zu nehmen. Die kleinen hellblauen Blüten des wilden Vergissmeinnichts in der Wiese zu entdecken und dann über die ganze Wiese zu blicken und die verschiedenen Grüntöne der umstehenden Laubbäume wahrzunehmen, den Wind, der über das Getreidefeld weht und es in sanfte Wellen versetzt, oder die beiden Bussarde mit den Augen zu begleiten, wie sie sich mit ihren Kreisen immer höher schrauben, bis sie nur noch ein kleiner Punkt am Himmel sind.

Ein Tag in der Natur kann zu einem wunderschönen Erlebnis für die ganze Familie oder mit dem/der Partner*in werden. Ich empfehle dir aber, wenn du dein Natur-Retreat mit lieben Menschen zusammen machst, wenigstens eine Stunde Solozeit, in der du ganz für dich bist, einzuplanen. Dann bist du in deinem Tempo unterwegs und kannst vollkommen ungestört von anderen empfangen, was zu dir kommen möchte, während du an einem Baum sitzt, auf der Wiese liegst und den Wolken nachschaust oder dein Blick gedankenverloren über das Wasser streift.

Naturerleben

Einfach mal nichts tun

Gehörst du auch zu den Menschen, denen es schwerfällt, nichts zu tun? Ich meine, wirklich nichts: keine Musik zu hören, kein Fernsehen, kein Buch zu lesen, nichts zu schreiben, nichts zu essen. Einfach nur da zu sein.

Die Natur macht es uns vor, wie das geht: Ein Baum steht einfach da. Seine Wurzeln tief in der Erde nehmen das Wasser auf, seine Blätter speichern das Sonnenlicht, seine Zweige bewegen sich im Wind. Eingebunden zwischen Himmel und Erde muss er nichts tun. Es wird für ihn gesorgt. Und er darf sich einfach nur entfalten.

Es tut so gut, manchmal nichts zu tun, einfach nur dazusitzen, sich an einen Baum zu lehnen und dem Universum Gelegenheit zu geben, auf deine Wünsche zu reagieren.

Wenn ihr euch danach wieder trefft, tauscht ihr euch über eure Erlebnisse aus. Wie ist es dir ergangen? Wie fühlst du dich jetzt? Vielleicht fallen nur wenige Worte, weil ihr so tiefenentspannt seid, eure Aura aufgegangen ist und ihr euch intensiv mit der Natur verbunden habt. Dann kann es auch sehr, sehr schön sein, miteinander zu schweigen und zu genießen.

Welches Bild hast du vor Augen, wenn du daran denkst, einfach mal die Seele baumeln zu lassen? Genau, den meisten kommt sofort eine Hängematte in den Sinn. Sie steht für Nichtstun, fünf gerade sein lassen und total entspannt abzuhängen. Die Hängematte aus den südlichen Ländern hat inzwischen auch bei uns Einzug gehalten und verbreitet auch hier ein Karibikfeeling. Wer in der Hängematte liegt, ist faul und träge – genau das ist so wichtig für Menschen, die sonst kaum die Füße stillhalten können und zu sehr im Arbeits- oder Freizeitstress sind. Also probiere es mal aus, pack die Hängematte ein und ziehe los! Dafür musst du nicht weit gehen. Suche dir einen Platz in der Nähe, wo du Bäume im passenden Abstand findest, um die Gurte der Hängematte daran zu befestigen. Für unterwegs eignet sich am besten eine Hängematte aus leichter Fallschirmseide, die du ganz klein zusammenpacken kannst. Sie passt in jeden Rucksack und versüßt dir auch bei einer Wanderung deine Pause.

Du liegst in der Hängematte wie ein Baby, nichts drückt oder pikst. Durch das sanfte Schaukeln bewegt sich das Bild der Zweige über dir leicht hin und her. Vielleicht fallen dadurch ab und zu die Sonnenstrahlen in dein Gesicht. Das Spiel von Licht und Schatten und die langsame, immer kleiner werdende Bewegung sind extrem beruhigend. Wenn dir das Abschalten und Nichtstun normalerweise schwerfällt – in der Hängematte kriegt es jeder hin. Ein kurzes Schläfchen mitten im Wald ist wunderbar erholsam.

Waldbaden funktioniert übrigens genau so: Du verbringst Zeit in der belebten und stressfreien Natur und atmest gesunde Waldluft ein. Und allein das passive Sein, der reine Aufenthalt im Wald, hat eine extrem gesundheitsförderliche Wirkung: Der Herzschlag wird langsamer, der Blutdruck sinkt und du schüttest weniger Adrenalin aus, was dazu führt, dass dein Gewebe besser durchblutet wird. Zudem nimmst du über die Lunge die in der Waldluft enthaltenen Terpene auf, die dein Immunsystem stärken. Und das alles, während du nur in der Hängematte liegst!

Wenn du einmal einen idealen Platz gefunden hast, ob im Garten, im Park oder im Wald, dann kannst du öfter, auch wenn du nur ein Stündchen Zeit hast, die Seele in der Natur baumeln lassen und Kraft tanken. Aber es geht natürlich auch ohne Hängematte.

Naturerleben

Zwischen Himmel und Erde

Auf der Suche nach einem Ort zum Ausruhen finde ich auf einer Lichtung einen Platz mit dichtem Sternmoos. Ich lasse mich auf dem dunkelgrünen Polster nieder und bin überrascht, wie weich mein Moosbett ist. Ab und zu kommt eine Windbö und bewegt die Wipfel der langen Fichten hoch über mir, sodass die Äste klappernd aneinanderschlagen. Die Birken dazwischen bewegen sich viel geschmeidiger. Und eine junge Buche hebt in Leichtigkeit ihre grünen Zweige und lässt den Wind mit ihren Blättern spielen.

Direkt über mir leuchtet ein Stück blauer Himmel, über den weiße Wolken in rasendem Tempo ziehen. Hier unten ist es ruhig und still. Nur das leichte Säuseln der Bäume im Wind und das Zwitschern der Vögel ist zu hören.

Ich breite meine Arme aus und spüre die Erde unter mir. Mein Kopf liegt weich gebettet im Moos, mein Rücken, meine Schultern, mein Po, die Beine – der ganze Körper berührt die Erde. Die Sonne blinzelt durch die Zweige.

Ich schaue nach oben und fühle mich getragen – ein Kind von Mutter Erde und Vater Himmel.

Naturmandala legen

Die Natur motiviert mich mit ihrer Schönheit, die ich in allen Dingen erkennen kann, selbst kreativ zu werden. Auch wenn du sonst nicht vor gestalterischen Ideen übersprühst, kannst du in der Natur mit ganz einfachen Mitteln etwas Schönes zaubern. Du musst es niemandem zeigen, bekommst keine Note dafür und es muss nicht perfekt sein. Wenn du mal den Anfang gefunden hast und dich ganz ohne Druck dem Prozess hingibst, wirst du selbst erstaunt sein, was entstehen mag.

Um ein Naturmandala zu gestalten, bieten sich Plätze an, an denen bereits viel Material vorhanden ist. So kannst du dich zum Beispiel von der Fülle der auf dem Boden liegenden Kastanien inspirieren lassen, sie in einer schönen Form anzuordnen. Das kann eine Spirale, ein Herz oder eine geschwungene Linie sein, die zwei Punkte miteinander verbindet.

Ein klassisches Mandala ist rund – das Wort »Mandala« bedeutet »Kreis« oder »kreisförmig«. Du beginnst also in der Mitte mit einem besonders hübschen Gegenstand, zum Beispiel einem runden Stein oder einer Blütendolde, und legst darum herum in immer neuen Kreisen, was dir in die Hände kommt, sodass symmetrische Muster den heiligen Mittelpunkt umschließen.

Der Untergrund sollte dafür möglichst eben und frei sein. Du wirst einen Blick dafür bekommen, wo sich ein Mandala ganz besonders anbietet: etwa auf einem Felsvorsprung, um einen Baum herum, an einer Weggabelung oder auf einem Baumstumpf. Es ist überhaupt nicht schwer und erfordert kein Diplom in Design, und dennoch entsteht auf jeden Fall ein wunderschönes, einzigartiges Kunstwerk.

Mit deinem kleinen Kunstwerk ehrst du diesen Platz und gibst der Natur ein wenig Schönheit zurück. Auch andere Besucher dieses Platzes werden sich daran erfreuen und inspiriert sein, selbst ein Mandala zu legen.

Die Größe deines Mandalas kann von Handtellergroß bis hin zu mehreren Metern Durchmesser reichen. Das hängt davon ab, welche Materialien du einsetzt und wie viel Platz und Zeit zur Verfügung stehen. Ich habe auch in meinem Garten einen kleinen Platz eingerichtet, an dem ich immer wieder ein jahreszeitlich passendes kleines Mandala lege.

Materialien für Naturmandalas:

- Zapfen von Fichten, Kiefern, Lärchen und Erlen
- Stöckchen von abgestorbenen Ästen auf dem Boden, herabgefallene Spitzen von Fichtenzweigen nach einem Sturm
- Rindenstücke, die sich von Totholz leicht ablösen lassen
- herabgefallene Flechten und Moose
- Eicheln, Hüllen von Bucheckern, Kastanien, Kastanienschalen

- Blätter
- Gräser mit und ohne Ähren
- Beeren von Eberesche, Holunder, Hagebutte, Efeu
- Steine in allen Farben und Formen, groß und klein, flach oder dick
- Blüten in allen Farben und Formen

Bitte achte darauf, dass du für dein Kunstwerk keine Pflanzen schädigst, also zum Beispiel Zweige von Bäumen abbrichst. Blüten verwende ich sehr sparsam, es sei denn, ich stehe in einem Blumenmeer.

Auch am Strand kannst du wunderbare Mandalas aus Muscheln, Steinen und Treibholz zaubern.

Sehr inspirierende Bilder sind in dem Buch *LandArt Mandala* von Maité Milliéroux und Marc Pouyet (Arun Verlag) enthalten.

Wildkräuter und Früchte sammeln

Wir leben auf, mit und von der Erde. Was gibt es Schöneres, um sich mit der Natur zu verbinden, als die Früchte der Erde direkt von der Hand in den Mund zu genießen? Wenn ich durch den Wald oder über die Wiese gehe, zupfe ich hier und da ein Blättchen und nasche je nach Jahreszeit Walderdbeeren, Heidelbeeren oder Brombeeren. Dann fühle ich mich wie im Paradies: Mutter Erde sorgt für mich. Sie lässt alles wachsen und gedeihen und ich brauche es nur noch zu ernten.

Die Wildkräuter und Früchte haben besonders viel gute Energie. Sie strotzen vor Vitalität, weil sie genau an dem Ort stehen, wo sie ideale Bedingungen antreffen. Sie werden nicht gedüngt und zu künstlichem Wachstum angetrieben, sodass ihr Geschmack viel intensiver ist. Ich habe festgestellt, dass mich ein paar wenige wilde Früchte oder Kräuter mehr sättigen – oder besser gesagt zufriedenstellen – als eine große Portion konventionell angebautes Obst. Nur am Rande: Ich finde es irreführend, dass »konventionell« angebautes Obst und Gemüse mit Pestiziden, Insektiziden und Kunstdünger behandelt werden, während »Bio«-Ware, also auf natürliche Weise wachsende Früchte, besonders gekennzeichnet wird. In meinen Augen sollte es umgekehrt sein.

Ich merke, wie ich im Frühjahr richtig Lust auf frisches Grün habe und schon sehnsüchtig auf die ersten Brennnesselsprosse im März warte. Dann locken die ersten Sonnenstrahlen auch schon den Bärlauch aus seinem Winterquartier unter dem Laub im Wald, und der Löwenzahn fängt an, seine dichte Blattrosette zu bilden. Immer mehr Menschen interessieren sich für Wildkräuter, wie man sie erkennt und was man Leckeres aus ihnen zubereiten kann. Halte doch mal Ausschau, ob auch in deiner Region Wildkräuterwanderungen angeboten werden! Aber selbst ohne große Einweihung wirst du vermutlich Brennnesseln, Löwenzahn und Gänseblümchen erkennen. Alle drei sind wichtige Heilpflanzen und bereichern deine Gerichte. Dabei reichen oft schon wenige Blättchen, um dein gewohntes Essen mit der frischen Frühlingskraft anzureichern: ein bisschen Löwenzahn im Salat, Gänseblümchen zur Verzierung eines Dips und die zarten Brennnesseltriebe in der Gemüsepfanne oder Suppe.

Wildkräuter in deinem Essen sind nicht nur gesund und lecker, sondern du verbindest dich auf diese Weise unmittelbar und körperlich mit der Natur, indem du sie dir einverleibst. Ich empfinde das Sammeln von Kräutern und Früchten in der Natur auch immer als Zeichen der Wertschätzung gegenüber Mutter Erde, dafür, dass sie diese essbaren Pflanzen für uns einfach so wachsen lässt. An einer Hecke mit reifen Brombeeren vorbeizugehen, ohne davon zu essen, oder Haselnüsse nicht aufzuheben, sind für mich dann im Umkehrschluss eine Geste der Geringschätzung. Für die Tiere des Waldes bleibt mit Sicherheit immer noch genug übrig. Ich stelle mich mit ihnen auf eine Stufe und bin ebenso dankbar für die Fülle der Erde.

Wenn du wenig Zeit hast

Manchmal reichen auch schon kurze Augenblicke, um dich im Laufe des Tages mit der Natur zu verbinden. Es ist sogar sehr wichtig, deine Naturverbindung nicht ausschließlich auf das Wochenende oder den Urlaub zu verschieben. Auch in der Woche und sogar während der Arbeitszeit ist es möglich, dir Momente der Besinnung auf die Natur zu nehmen. Wenn sich viele dieser klitzekleinen Auszeiten in deinen Tagesablauf integrieren, wirst du dich in dieser wundervollen Welt immer mehr zu Hause fühlen.

Einfach mal frische Luft schnappen

Du kennst das bestimmt auch: Du sitzt am Schreibtisch und es macht sich eine Trägheit breit. Du kannst keinen klaren Gedanken mehr fassen. Du hängst irgendwie fest. Wie eine Schallplatte, die einen Sprung hat, wiederholst du dieselben Worte in deinem Kopf und kommst nicht weiter. Die Kreativität ist gerade gebremst. Oder du weißt vor lauter Dingen, die auf dich einströmen, nicht mehr, wo dir der Kopf steht. Das Telefon klingelt, die Kollegen haben Fragen und dringende E-Mails wollen beantwortet werden. Wenn du noch ein bisschen weitermachst, drehst du komplett durch.

Dann nichts wie raus! Statt dir eine Tasse Kaffee zu holen oder das Rauchen anzufangen, kannst du auch ohne Zigarette, dafür mit Jacke, vor die Tür gehen. Möglichkeiten dafür gibt es bestimmt auch bei dir, schau dich einmal um: Gehe eine Runde um den Block, halte an einer Stelle, die dir gut gefällt: eine Bank, ein Baum, ein kleiner Park, ein Blick auf den Fluss oder ein Teich. Vielleicht ist es auch nur ein Balkon, von dem aus du einen Blick in die Ferne werfen kannst, nach den Wolken schaust, einen Vogel beobachtest oder wie der Wind die Blätter der Bäume bewegt. Konzentriere dich ganz auf deine Sinne und suche gezielt nach schönen und natürlichen Blickpunkten in der Natur. Sofort kommst du wieder mehr im Hier und Jetzt an. Das wird dich sofort entlasten und spürbar erholen. Dafür reichen auch zehn bis fünfzehn Minuten.

Lasse dich auch von den kleinen Dingen verzaubern und fange an, über eine Spinne zu staunen, die geschickt ihr filigranes Netz baut, eine Ameise, die ein Vielfaches ihres Körpergewichtes über unwegsames Gelände schleppt, oder eine Knospe, die alles schon in sich trägt und geduldig auf ihre Entfaltung wartet. Es gibt so viel zu entdecken!

Das gilt natürlich auch für deine Freizeit, in der es immer einiges zu erledigen gibt und ein ausgiebiger Spaziergang nicht jeden Tag unterzubringen ist. Es sind wie immer die kleinen Dinge, die den Unterschied machen: beim Müllrausbringen kurz stehen bleiben und den Blick umherschweifen lassen. Die Wäsche mal wieder draußen aufhängen und dabei den Vögeln zuhören oder einfach kurz in den Garten oder auf die Terrasse gehen.

Naturerleben

Ein Augenblick im Garten

Zu meinem Elternhaus gehörte ein großes, schmales Gartenstück. Ich habe noch sehr gut in Erinnerung, wie mein Vater sich regelmäßig mit den Worten verkrümelte: »Ich geh mal bis oben in den Garten.« Dann war er weg und ging gemütlich bis zu dem Kirschbaum, der ganz hinten am Ende des Grundstücks stand, schaute sich in alle Richtungen um, ließ sich auf dem flachen Land den Wind um die Nase wehen und kam dann meistens pfeifend zurück.

Sonnenaufgang und Sonnenuntergang

Es ist ein magischer Moment, wenn sich die Sonne ganz langsam über den Horizont schiebt und die Welt in ein warm-goldenes Licht taucht. Schon eine geraume Weile bevor der Sonnenball zu sehen ist, hat das Licht die Welt erreicht. Im Morgengrauen beginnen die Vögel zu singen, einer nach dem anderen begrüßt den neuen Tag mit seiner Melodie, bis daraus ein vielstimmiges Vogelkonzert entstanden ist. Der Himmel färbt sich rosarot und verkündet mit seinen zarten Wolkenschleiern: Ein neuer, wunderschöner Tag bricht an! Die Welt ist noch ganz still und ruhig, langsam erwachen auch alle anderen, sanft geweckt vom Lied der Vögel.

Es ist so berauschend und kraftvoll, im Frühling und Sommer einen Sonnenaufgang ganz bewusst zu erleben! Mir geht es so, dass ich zugleich in tiefer Meditation und doch hellwach bin. Diese Viertelstunde täglich, oder wenigstens gelegentlich, ist ein Hochgenuss. Den Übergang von der Nacht zum Tag in aller Stille zu erleben, erfüllt mich mit großer Dankbarkeit für mein Leben, und das Morgenlicht legt sich wie ein Segen über meinen Tag.

Der Sonnenaufgang ist ein guter Zeitpunkt, um dir bewusst zu machen, dass du ein untrennbarer Teil von dieser wunderschönen Welt bist, in die du liebevoll eingebettet bist. Aus der Verbundenheit mit dir und der Welt wird dein Tag automatisch positiv verlaufen.

Ebenso magisch ist der Moment des Sonnenuntergangs. Der Himmel färbt sich orangerotgolden und zieht die Aufmerksamkeit unwillkürlich auf sich. Manchmal versinkt der rote Sonnenball ganz gemächlich ohne viel Tamtam. An anderen Tagen erwarten dich spektakuläre Sonnenuntergänge, bei denen die letzten Strahlen durch die dunklen Wolken hindurchschießen. Allmählich sinkt die rote Sonne immer tiefer, bis sie unter der Wolkendecke hervorlugt. In jeder Minute verändert der Himmel mit den sich ständig verändernden Wolkenformationen seine Farbe von Orangerot bis hin zu einem zarten Lila mit dunkelgrauen Streifen. Das späte Abendlicht hüllt die umliegende Landschaft in warme, freundliche Farben und verbreitet güldenes Licht.

Die Geschäftigkeit des Tages klingt aus, die Vögel suchen sich einen sicheren Schlafplatz für die Nacht und die Bäume stehen still und friedlich da.

Auch dein Tagewerk ist vollbracht, du schaust auf einen erfüllten Tag zurück und genießt die Ruhe, die sich über die Landschaft zieht. Mutter Erde und Vater Sonne decken alle liebevoll zu und wünschen eine gute Nacht.

Wir haben uns durch das Kunstlicht von dem natürlichen Tag-und-Nacht-Rhythmus entfernt. Die Sonne gibt eindeutig den Takt für alles Leben an: Mit den länger werdenden Tagen kommt nach dem Winter das Leben wieder zurück in jede Pflanze und jedes Tier – und jeden Menschen. Im Frühjahr spüren wir besonders, wie eng unsere Lebensfreude mit dem wiederkehrenden Sonnenlicht verbunden ist. So ist es auch an jedem Tag.

Probiere es mal aus und nimm bewusst den Sonnenaufgang und -untergang als Übergänge zwischen Tag und Nacht wahr. Dein Tag beginnt mit dem magischen Moment des Sonnenaufgangs, und die Schaffenszeit endet mit dem Sonnenuntergang.

Auch wenn du dich aus ganz pragmatischen Gründen nicht in den natürlichen Tag-Nacht-Rhythmus einklinken kannst, sind Sonnenaufgang und -untergang zweifellos heilige Augenblicke und ideale Zeitpunkte zur Besinnung auf den Moment oder ein Gebet.

Naturerleben

Abendstimmung am See

Die Sonne steht schon tief und wärmt angenehm. Ich sitze auf dem Steg und mache mit meinen Füßen Wellen im Wasser, die sich weit ausbreiten. Das Wasser ist nur leicht gewellt, sodass sich das Licht lebendig darin widerspiegelt. Ab und zu der Ruf eines Blässhuhns und das Abendkonzert der Amseln – sonst ist es ruhig. Anmutig zieht ein Schwan vorbei. Tausende von Mücken tanzen lautlos über dem Wasser.

Das Tageswerk ist vollbracht. Der Abend gehört mir, nur mir. Es herrscht Frieden. In meinem Kopf ist kein Platz für störende Gedanken. Für Dinge, über die ich mich aufregen könnte, wenn ich wollte, aber an denen ich doch nichts ändern kann.

Das Leben ist schön, ganz besonders gerade jetzt. Ich genieße die Ruhe.

Mit jedem Zentimeter, den die Sonne am Horizont tiefer sinkt, verändert sich das Licht auf dem spiegelnden Wasser. Das gegenüberliegende Ufer wird immer diesiger. Und ich werde immer müder. Eine kleine Feder treibt auf dem Wasser an mir vorbei, ganz leicht nur berührt sie die Oberfläche an einer Stelle, sodass die nach oben stehenden Enden von einem Luftzug wie ein Segel erfasst werden.

Heute Abend schlafe ich leicht und friedlich ein, auf sanften Wellen geschaukelt, getragen von einer tiefen Ruhe und Zuversicht. Ich gleite hinüber in den Schlaf und träume von einer heilen Welt.

Picknick im Grünen

Was gibt es Schöneres, als an einem Sonntag im Mai mit einem Picknickkorb in die Wiesen zu gehen und unter einem blühenden Apfelbaum zu picknicken?! Du rollst die Decke aus und packst aus, was du zu Hause auch auf den Tisch stellen würdest. Damit will ich sagen: Es braucht keinen großen Extraaufwand, um ein Picknick zu organisieren. Du verlagerst einfach nur den Ort deiner Mahlzeit hinaus in die Natur.

Mit meinen Kindern habe ich oft ein Picknick gemacht und sie lieben es bis heute. Das war ein kleines Event am Abend, verbunden mit einem kurzen Spaziergang – und manchmal sind wir auch nur im Garten geblieben. Der Aufenthalt in der Natur hält immer einige Überraschungen und Erlebnisse bereit. Am Küchentisch in der Wohnung kannst du die Lerchen, die sich trällernd hoch in die Luft schwingen, nicht singen hören, und die Luft ist nicht von zartem Blütenduft erfüllt. Nach dem Essen ist immer noch Zeit, die Abendsonne zu genießen und das Schauspiel des Sonnenuntergangs zu beobachten.

Mit ein bisschen Routine ist der Picknickkorb auch schnell gepackt. Es muss ja nicht ein großes Büfett sein, sondern es reichen auch schon ein Kuchen mit Tee oder Kaffee oder am Abend ein Stück Brot, Käse, Oliven und Rotwein. Geschirr gibt es auch in leichter Variante und unzerbrechlich aus Kunststoff. Vielleicht ist für dich ein Rucksack praktischer zum Tragen als ein Korb.

Bevor du also bei herrlichem Wetter nach einem langen Arbeitstag in geschlossenen Räumen frustriert darüber bist, dass du leider nichts von dem sonnigen Tag genießen konntest, pack dir was zu essen ein und verbringe den Feierabend auf der Wiese oder am See. Mit einem Picknick kannst du dein Natur-Retreat also ganz einfach in deinen Alltag integrieren. Es kostet dich kaum zusätzliche Zeit und ist eine Wonne.

Gartenarbeit macht glücklich

Gartenarbeit gehört ebenso wie der Aufenthalt in der Natur zu den fünf Dingen, die Menschen glücklich machen. Dabei ist die Hege und Pflege der Pflanzen im eigenen Garten besonders herzöffnend. Du wendest dich ihnen liebevoll zu und freust dich daran, wenn sie blühen und gedeihen. Natürlich gibt es auch harte Arbeit, die dich richtig ins Schwitzen bringt und Kraft kostet. Im Frühjahr und Herbst ist besonders viel zu tun, zu schneiden, umzupflanzen, der Boden zu bereiten. Wenn die anstrengende Zeit in deinem Garten überwiegt, hältst du dich zu selten dort auf. Der Garten ist ein Stück Natur, das in deinen Händen liegt. Es ist dir sozusagen anvertraut worden. Du darfst dich darum kümmern und es nach deinen Wünschen anlegen und nutzen. Möchtest du eine große Wiese zum Spielen, einen Nutzgarten für dein eigenes Gemüse oder schlägt dein Herz für einen Rosengarten? Mein Tipp: Gestalte deinen Garten so, wie du es möchtest, aber kämpfe nicht gegen die Natur. Du wirst verlieren. Nicht nur die Nerven, sondern auch ein Stück Lebensfreude. Es gab eine Zeit, in der immer mehr Vorgärten zu Steinwüsten umgewandelt wurden. In manchen Bundesländern ist das heute glücklicherweise schon verboten. Es war

der verzweifelte Versuch der Besitzer, das Unkraut und die Wildnis zu bezwingen. Der Kampf scheint gewonnen, aber der Preis dafür ist ein Stück verlorene Lebenskraft vor deiner Haustür.

Das Grundstück, auf dem du wohnst, ist ein Geschenk der Erde. Du darfst hier sein und bist für die Dauer deines Wohnens dort Gast. Ich bin schon oft umgezogen und habe jedes Mal dem Stück Land, auf dem das Haus stand, etwas zurückgegeben. Die Lage meines Wohnraums war mir schon immer wichtig, und zwar nicht nur im Bezug auf die Nähe zu Arbeitsplatz und Schule, sondern auch, ob das Haus in einen angenehmen Naturraum eingebettet war. Einmal bin ich in ein Haus gezogen, dessen Grundstück von Holunder und Haselsträuchern eingewachsen war. In der Ecke stand eine herrliche Trauerweide und unter den Sträuchern wuchsen Lungenkraut, Waldmeister und jede Menge wilde Erdbeeren. Es gab eine Feuerstelle, einen überdachten Sitzplatz und von der Küche aus kam ich auf eine kleine Terrasse, an der ein alter, dunkelvioletter Flieder stand. Ich war verzückt! Das war ein Platz, an dem ich mich sofort wohlgefühlt habe. Es war spürbar, dass hier ganz viele Naturwesen am Werk waren, die einfach in Ruhe ihren Aufgaben nachgingen: sich um die Pflanzen und das Miteinander zu kümmern. Danach sind mir die Walderdbeeren in jedes neue Zuhause gefolgt.

Wolf-Dieter Storl beschreibt in seinem Buch *Heilkräuter und Zauberpflanzen zwischen Haustür und Gartentor* so treffend, dass Pflanzen, die sich an dem Platz zeigen, der in deiner Obhut liegt, etwas mit dir zu tun haben. Wir stehen in direktem Bezug zu allem Lebendigen um uns herum, denn wir sind ja ein Teil davon. Bist du also regelmäßig in deinem Garten, so werden die Pflanzen und Tiere auf dich reagieren. Die einen verschwinden, die anderen kommen. Das dauert ein paar Jahre und erfordert vor allem deine Zurückhaltung oder zumindest dein gefühlvolles Eingreifen. Denn wie soll sich eine Pflanze in deinem Beet zeigen, wenn du jedes Kräutchen gleich ausrupfst?

Naturerleben

Im Paradiesgarten

Ich habe einen Freund, der auf einem großen Grundstück mitten in der Natur an einem Fluss wohnt. Das Gelände ist so groß, dass es unmöglich ist, alles mit der Nagelschere zu schneiden, und das ist auch gar nicht seine Art. Im Gegenteil, er liebt die Freiheit, und die gesteht er auch den vielen Lebewesen auf »seinem« Grundstück zu. Genau genommen ist es nicht »sein« Grundstück, sondern er lebt dort im Einklang mit den vielen anderen Lebewesen auf einem Stück Land der Mutter Erde.

Er staunt über die vielen Schlüsselblumen, die im Frühjahr aus der Wiese herausleuchten und sich so wunderbar vermehrt haben. Auf die Margeriten freut er sich schon, wenn er ihre grünen Blätter in der Wiese entdeckt. Und im Hochsommer zählt er die zig Schmetterlinge, die um den Lavendel und den wilden Dost herumschwirren. Auf den Stufen der Steintreppe rankt die Gundelrebe mit ihren zarten, lila Blüten und unter den Bäumen sprießt der Bärlauch. Im Winter wimmelt es nur so von Meisen, Rotkehlchen, Buchfinken und anderen Vogelarten um das Vogelhaus und im Frühjahr wirst du von einem gigantischen Vogelkonzert geweckt. Ein paar Wochen später fliegen die Vögelchen emsig aus den vielen Nistkästen hin und her und kommen mit kleinen Raupen und Insekten im Schnabel für ihre hungrig piepsenden Kleinen zurück.

Wenn die Trauben reif sind, dürfen sich die Amseln daran gütlich tun und im Herbst an dem Efeu, der das Haus umrankt. Der Marder turnt auf dem Dach herum, eine Ente brütet im Gebüsch und manchmal steht ein Reh im Gemüsebeet und freut sich über die zarten Sprosse. Kurz und gut: Es ist paradiesisch!

Anders als bei den umliegenden Grundstücken, die sich selbst überlassen sind, zeigt sich hier eine große Vielfalt an Pflanzen und Tieren. Ich habe das Gefühl, dass das Geheimnis für die bunte Vielfalt in der Mischung aus liebevoller Pflege und dem Lassen liegt. Bestimmt wirkt sich auch die tägliche Bewunderung aus, die den vielen Lebewesen auf diesem Grundstück zuteilwird.

Gerade beim eigenen Garten kommt es darauf an, im Einklang mit der Natur zu sein und zu handeln. Jedes und alles darf seinen Platz haben. Das Laub und die Zweige bleiben in einer Ecke für die Igel; die Raupen, Läuse und zumindest ein Teil der Kirschen oder Johannisbeeren sind für die Vögel, die einfachen (nicht gefüllten) Blumensorten für die Bienen und Schmetterlinge. Es existiert ein Zusammenspiel zwischen Mensch und Natur. Der Garten ist wie dein erweiterter Lebensraum, in dem du dich zu Hause fühlst und in dem du sorgsam darauf achtest, dass sich viele Lebewesen darin wohlfühlen.

Dann kannst du wunderbar in deinem eigenen Garten Kraft tanken und nicht nur »arbeiten«. Dafür braucht es aber ein Umdenken. Nicht jedes Unkraut muss entfernt und jeder Grashalm akkurat geschnitten werden. Du fragst eher andersherum: Was braucht dieses Stück Land von mir? Wo darf ich welche Pflanze einsetzen? Welche Sträucher und Pflanzen sind Futterpflanzen für Vögel und Insekten? An welcher Stelle könnte ein kleiner Teich die Lebewesen meines Gartens beglücken? Wo stelle ich ein Vogelhäuschen auf und wo bieten sich Plätze für Nistkästen an? Brauchen die Insekten und Vögel im Sommer jeden Tag eine flache Schale mit frischem Wasser?

Auch dich selbst solltest du nicht vergessen, denn was nützt der schönste Garten, wenn es keine Plätze darin gibt, an denen du dich mit der Kraft der lebendigen Vielfalt aufladen kannst! Deswegen braucht dein Garten natürlich auch mehrere schöne Sitzplätze – nicht unbedingt mit einer großen Terrasse. Eine Bank an einer windgeschützten Stelle, ein Liegestuhl auf der Wiese oder eine Hängematte im Schatten sind vollkommen ausreichend, um dir immer mal wieder eine halbe Stunde Auszeit direkt vor der Haustür zu ermöglichen.

Eine kleine Auszeit ist es für mich schon, wenn ich mit der Gartenschere in der Hand die verblühten Rosen oder Lavendel abschneide, die Tomaten gieße oder am Hochbeet bin, um zu säen, zu ernten, zu gießen oder einfach nur den Pflanzen beim Wachsen zuzuschauen.

Dein Balkon

Auch auf deinem Balkon kannst du dir die Natur näher zu dir heranholen. Mit einem Insektenhotel und einem Vogelhäuschen ziehst du das Element Luft an. Auch ein Windspiel, ob mit oder ohne Klang, stärkt das luftige Element.

In deinem Balkonkasten wachsen Kräuter – Petersilie, Schnittlauch, Thymian und Basilikum – und Salat, an der sonnigen Wand steht eine Tomatenpflanze mit Cocktailtomaten zum Naschen und in der Blumenampel wachsen Erdbeeren.

Ein kleiner Springbrunnen plätschert und dient den Vögeln als Tränke. Am Abend verwandelt der Kerzenschein deinen Balkon in ein heimeliges kleines Draußennest.

Urban Gardening ist zu einem Trend geworden und die Finessen der gewieften Balkongärtner reichen von dem vertikalen Garten bis hin zu Kleinkompostern, die den eigenen Dünger aus Küchenabfällen liefern. Mit einem entsprechenden Engagement kannst du tatsächlich auch einiges von deinem Balkon ernten. Aber darauf kommt es nicht in erster Linie an.

Ich weiß noch, wie sehr ich mich über meine erste kleine Aubergine gefreut habe! Ich habe sie aus dem Samen gezogen, zweimal umgetopft, monatelang gegossen, ihren Stängel mit einem Stöckchen gestützt und mich an ihren hübschen Blüten gefreut. Zu sehen, wie daraus diese kleine dunkellila Frucht heranwächst, hat mich irgendwie glücklich gemacht. Und darum geht es: die Freude daran, den Pflanzen beim Wachsen zuzuschauen.

Automatisch bekommst du auch den Bezug zu den Nahrungsmitteln wieder. Wie lange dauert es, wie aufwendig ist es, bis die ersten Früchte da sind? Wie sorgsam gehe ich damit um? Es ist nicht natürlich, dass wir den Bezug zur Erzeugung unserer Lebensmittel komplett verloren haben. Wer heute nicht in der Landwirtschaft tätig ist oder seinen eigenen Garten oder Balkon hat, weiß gar nicht mehr, wie Erdbeeren wachsen und wie sie schmecken, wenn sie nicht zu Höchstleistungen gedopt sind. Wir werden von den Pflanzen auf unserem Balkon nicht satt, aber sie nähren uns auf eine ganz besondere Weise.

Draußen nach drinnen holen

Selbst fernab von den natürlichen Lebensräumen kannst du die Natur zu dir holen. Wir verbringen viel mehr Zeit in geschlossenen Räumen als unsere Vorfahren. Die meisten Arbeitsplätze befinden sich in Innenräumen und unsere Wohnungen sind größer als früher. Wenn du in einem Tiny House wohnst oder wie viele neuzeitliche Nomaden mit einem Van unterwegs bist, lebst du viel näher an der Natur als in einem Haus mit einer großen Grundfläche oder einem beidseitig angebauten Mehrfamilienhaus. Trotzdem, und gerade deswegen, gibt es viele Möglichkeiten, kreativ zu werden und die bauliche Trennung von der Natur aufzuweichen.

Zimmerpflanzen

Größere und kleinere Zimmerpflanzen verändern dein Wohnklima. Neben Palmen, Hängepflanzen und Orchideen habe ich auch immer wenigstens eine blühende Topfpflanze in meinem Zuhause. Sie machen mich einfach glücklich und ich freue mich über die Schönheit jeder Blüte. Ja, Pflanzen im Haus brauchen Aufmerksamkeit: nicht zu viel und nicht zu wenig Wasser, ausreichend Licht, aber je nach Art auch keine direkte Sonneneinstrahlung und gelegentlich Dünger zur richtigen Zeit. Aber genau deswegen habe ich diese Pflanzen. Es ist mir eine große Freude, regelmäßig danach zu schauen und ihnen eben schon anzusehen, ob und was sie brauchen. Der berühmte grüne Daumen ist genau das: Die Aufmerksamkeit und Zuwendung, die du deinen Pflanzen schenkst, geben sie dir mit einem gesunden und üppigen Wachstum zurück. Wenn du dich dann noch nach dem Stand des Mondes richtest, klinkst du dich in den Kosmos ein und bist integriert mit den planetaren Kräften und ihrem Wirken auf dich und die Pflanzen.

Die wichtigsten Regeln sind:

- Gießen nur an Tagen, wenn der Mond in einem Wasserzeichen (Krebs, Skorpion, Fische) steht.
- Düngen nur bei abnehmendem Mond.
  Dann bekommen deine Pflanzen auch nicht so leicht Schädlinge und gedeihen gut.

Wohnraumgestaltung

Ich habe einmal in einer Wohnung an einer Wand im Flur eine Fototapete mit einem frühlingshaften Birkenwäldchen angebracht. Sobald ich zur Haustür reinkam, hat mich das frische Grün erwartet und ich war mitten im Wald. Mit Bildern, Fototapeten oder auch Tapeten mit floralen Mustern kannst du die Atmosphäre in einem Raum sehr natürlich gestalten. Auch mit kleinen Accessoires und Farben kannst du dein Wohnumfeld natürlicher gestalten: Auf meinen Kissen auf dem Sofa sind Federn und Hirsche abgebildet, die Vorhänge haben Muster mit Blättern und auf der Fensterbank liegen ganz besonders schöne Steine, Holzstücke und Muscheln. Wir können der Natur im wahrsten Sinne des Wortes die Hand reichen und Fundstücke von unseren Ausflügen mit in die Wohnung bringen.

Ich habe mir einen Platz eingerichtet, auf dem ich Mitgebrachtes von meinen Spaziergängen dekorativ platziere: ein Farnblatt, Kastanien, Eicheln, Kiefernzapfen, ein Zweig mit Lärchenzapfen, ein Sträußchen Wiesenblumen, ein mit Flechten bewachsener Ast. Es gibt zu jeder Jahreszeit etwas anderes, das mich fasziniert und das ich in meiner Wohnung zur Geltung bringe.

Auf diesem kleinen »Altar« haben auch die vier Elemente ihren Platz, die du durch vieles repräsentieren kannst – deiner Kreativität sind keine Grenzen gesetzt. Hier sind einige Beispiele:

- Für das Element Erde: Kieselstein, Fichtenzapfen, Blumen, Heilkräuter, ein besonders geformter Ast, Schneckenhaus, Apfel, Vogelbeeren, Hagebutten, Reh oder Schlange als Bild oder Figur, die Farben Grün und Braun.
- Für das Element Luft: Feder, Bergkristall, Räucherstäbchen, Salbei, Glöckchen, Engel, Glasformen, Vogel als Bild oder Figur, die Farbe Weiß.
- Für das Element Wasser: Muschel, Schale mit Wasser, Delfin als Bild oder Figur, Wellenmuster, Fisch, die Farbe Blau.
- Für das Element Feuer: Kerze, die Farbe Rot (etwa ein Band oder in Gold), Sonne als Bild oder Figur.

Es ist zwar nicht ganz so wirkungsvoll wie ein Aufenthalt in der lebendigen Natur, aber dennoch fühlst du dich ganz anders in einem mit natürlichen Materialien und Motiven gestalteten Raum als in eher kühl mit abstrakten Formen, Glas und Metall gestalteten Innenräumen.

Am Arbeitsplatz

Nicht nur in deiner privaten Umgebung, sondern auch an deinem Arbeitsplatz kannst du dir die Natur vergegenwärtigen, indem du ein Hintergrundbild auf dem Computer wählst, das deine Lieblingslandschaft zeigt, oder indem du dir eine kleine Pflanze auf den Schreibtisch stellst. Vielleicht gibt es auch noch mehr Möglichkeiten, dein Arbeitsumfeld zu gestalten. Mit frischen Blumen, großen Zimmerpflanzen und großflächigen Bildern mit Naturmotiven – wie ein Strand mit Blick auf das Meer, ein von Bäumen und Bergen eingerahmter Bergsee oder Blüten, Gräser und Farne – lässt sich ein bis dahin nüchterner, lebensfeindlicher Raum mit einem Wohlfühlambiente verändern.

Am Frankfurter Flughafen sind an den langen Wänden der Verbindungsflure große Flächen mit Waldmotiven beklebt worden. So schauen die Besucher nicht mehr so weit das Auge reicht auf die toten

Betonstrecken der Landebahnen und Flughafengebäude, sondern ins Grüne. In großen Shoppingcentern werden richtige Bäume gepflanzt und in Restaurants stehen große Pflanzkübel mit Olivenbäumen. Das hat sicher einen anziehenden Effekt auf die Besucher, die sich mit ein bisschen lebendigem Grün um sich herum wohler fühlen.

In der Stadt

Um dich mit der Natur zu verbinden, brauchst du erst einmal Natur. In unserem dicht gedrängten städtischen Lebensraum steht davon weitaus weniger zur Verfügung als im Wald. Aber auch in der Betonwüste einer Stadt gibt es kleine und größere Oasen. Du musst sie nur finden … Und dann kannst du dich wie in diesem Buch beschrieben mit allen Sinnen der Natur öffnen. Halte Ausschau nach Wind und den Wolken, genieße den Duft der Lindenalleen und die Gänseblümchen auf der Wiese im Park.

Der Erholungswert der Natur für den Menschen ist auch den Städteplanern bekannt. Es gibt viele innovative Ideen, wie wir uns die Natur trotz des hohen Anteils versiegelter Fläche zurückholen können: Kreisverkehre werden bepflanzt, Fassaden begrünt und Flachdächer zu Gärten. Auf den Parkplätzen stehen Schatten spendende Bäume und auf den Grünstreifen blühen bunte Bienenwiesen. Auch sieht man es immer öfter, dass die Bewohner einer Straße sich um den Baum vor ihrem Hauseingang kümmern, ihn im Sommer gießen und ein paar Blumen drum herum pflanzen. In manchen Städten gibt es sogar essbare Landschaften. Statt dekorativen Sträuchern werden Johannisbeerbüsche gepflanzt, an den Mauern gedeiht Spalierobst und in den Beeten wachsen Zucchini, Mangold und Rosmarin.

Manchmal gehe ich in der Stadt auch einfach in einen Blumenladen und atme einmal tief durch. Wie das duftet!

Test: Was für ein Elementetyp bist du?

Wir sind alle neugierig und wollen uns selbst gerne besser kennenlernen. Dazu soll dir dieser kleine Test eine Hilfestellung geben. Aber bitte denke daran, dass eine ganz genaue Persönlichkeitsanalyse viel feiner sein müsste. Die Einordnung nach den Elementen gibt dir also nur einen groben Überblick.

Wünschenswert ist eine harmonische Verteilung der vier Elemente, um im Gleichgewicht zu sein.

Interessant ist, dass den Kategorien auch typische Krankheitsbilder zugeordnet werden können. Das heißt, wenn du zu extrem in einem Typus gefangen bist, fehlen dir die drei anderen und du entwickelst im Laufe der Zeit körperliche Schwachstellen. Deswegen ist es gut zu wissen, was für ein Typ du bist, damit du dir gegebenenfalls einen Ausgleich verschaffen kannst, indem du die anderen Elemente in dir bewusst stärkst und deine Aufmerksamkeit darauf legst.

Jetzt geht's los:

Kreuze bei den folgenden Fragen an, worin du dich wiedererkennst. Denke nicht zu lange darüber nach. Auch ein »eher ja« bedeutet ein Kreuzchen.

Zähle am Ende zusammen, wie oft du die einzelnen Buchstaben A, B, C oder D angekreuzt hast.

- ☐ Fährst du gerne in heiße Urlaubsländer und liegst dort in der Sonne? A
- ☐ Brichst du leicht in Tränen aus? B
- ☐ Singst und/oder pfeifst du gerne? D
- ☐ Trinkst du gerne mal ein Gläschen Wein oder Spirituosen? A
- ☐ Fühlst du dich gut geerdet und hast einen sicheren Stand im Leben? C
- ☐ Fährst du gerne ans Meer? B
- ☐ Liebst du Flötenmusik oder spielst sogar selbst ein Blasinstrument? D
- ☐ Hast du ein großes Urvertrauen und so schnell haut dich nichts um? C
- ☐ Machst du bei jeder Gelegenheit gerne ein Feuer im Kamin oder draußen? A
- ☐ Läufst du gerne barfuß, drinnen wie draußen? C
- ☐ Liebst du es, im Regen spazieren zu gehen? B
- ☐ Bist du flexibel und findest eine andere Lösung, wenn mal etwas nicht passt? D
- ☐ Schaust du gerne in die tanzenden Flammen eines Feuers? A
- ☐ Bist du offen für Veränderungen und probierst alles gerne mal aus? D
- ☐ Duschst du gerne ausgiebig? B
- ☐ Hast du meistens warme Füße? C
- ☐ Bist du ein großer Fan von Feuerwerk und Wunderkerzen? A
- ☐ Nimmst du das Leben leicht? D
- ☐ Gehört zu deiner Wohnung auf jeden Fall eine Badewanne? B
- ☐ Hast du viel Energie und bist sehr aktiv? A
- ☐ Isst du gerne und sind dir regelmäßige Mahlzeiten mit gutem Essen wichtig? C
- ☐ Trinkst du viel und hast immer eine Flasche Wasser bei dir? B
- ☐ Bist du reiselustig und fährst gern weg, auch mal für einen kurzen Ausflug? D
- ☐ Packst du Veränderungen freudig und mit Power an? A
- ☐ Kannst du es kaum erwarten, im Frühsommer das erste Mal in den See zu springen? B

- [ ] Magst du sinnliche Berührungen und Massagen? C
- [ ] Hast du ein Vogelhäuschen und erfreust dich an den Vögeln? D
- [ ] Gehst du gerne in die Sauna? A
- [ ] Hast du einen schmalen Körperbau und bist eher ein Leichtgewicht? D
- [ ] Gehst du gerne im Wald spazieren oder wandern? C
- [ ] Entspannt es dich, wenn du dem Regen zuhörst? B
- [ ] Kommst du beim Sport auch gerne mal richtig ins Schwitzen? A
- [ ] Gehst du gerne ins Schwimmbad? B
- [ ] Hast du oder hättest du gerne einen Hund, mit dem du jeden Tag rausgehst? C
- [ ] Neigt deine Haut zu Trockenheit? D
- [ ] Isst du gerne scharf? A
- [ ] Lässt du dich leicht umpusten und bist nicht besonders standhaft in deiner Meinung? D
- [ ] Ist es wichtig für dich, in einer Stadt am Fluss zu wohnen? B
- [ ] Arbeitest du gerne im Garten und hast viele Zimmerpflanzen? C
- [ ] Magst du die Farben Rot und Orange für deine Kleidung oder in deiner Wohnung? A
- [ ] Hast du viele verschiedene Interessen und Fähigkeiten (Scanner-Persönlichkeit)? D
- [ ] Hast du (oder hättest du gerne) einen Zimmerspringbrunnen in deiner Wohnung? B
- [ ] Isst du gerne Rote Bete und anderes Wurzelgemüse? C
- [ ] Lässt du dich leicht für etwas begeistern? A
- [ ] Bist du eher ein gemütlicher, ruhiger Typ, der gerne einen Abend auf der Couch verbringt? C
- [ ] Kannst du andere gut motivieren und mitreißen? A
- [ ] Bist du anfällig für Stress und lässt dich schnell aus der Ruhe bringen? D

- [ ] Tauchst und schnorchelst du gerne oder schaust dir Filme über die Unterwasserwelt an? B
- [ ] Hast du eine stabile Statur und robuste Gesundheit? C
- [ ] Magst du die Farbe Blau in deiner Kleidung, als Schmuck oder Accessoire? B
- [ ] Liebst du es ruhig und beschaulich? C
- [ ] Hast du in deinem Leben schon viel Großes bewegt und schreckst vor schwierigen Aufgaben nicht zurück? A
- [ ] Bist du ein Mensch, der den Dingen gerne auf den Grund geht? C
- [ ] Liebst du ganz besonders Delfine? B
- [ ] Redest du gerne und ist Kommunikation deine Stärke? D
- [ ] Sind große Anstrengungen und Herausforderungen für dich verlockend? A
- [ ] Bist du sehr mitfühlend, wenn dir andere von ihren schmerzhaften Erlebnissen erzählen? B
- [ ] Liebst du es, in Bewegung zu sein, ohne dich allzu sehr anzustrengen? D
- [ ] Machst du deine Aufgaben sehr gründlich? C
- [ ] Kannst du beim Essen auch große Portionen auf deinem Teller verdrücken? A
- [ ] Kannst du dich leicht deinem Hobby oder einer Lieblingstätigkeit hingeben und bist dann ganz versunken? B
- [ ] Bist du gestalterisch kreativ, zum Beispiel mit Blumenstecken, Töpfern, Basteln? C
- [ ] Fällt es dir schwer, dich auf eine Sache/ein Projekt zu konzentrieren? D
- [ ] Schmilzt du bei einem Liebesfilm dahin und verdrückst dabei auch schon mal eine Träne? B
- [ ] Liebst du deine Heimat und fühlst dich ihr sehr verbunden? C
- [ ] Bist du schnell zu Fuß unterwegs und fährst gerne mit hoher Geschwindigkeit? A
- [ ] Kennst du das Gefühl von grundloser Traurigkeit? B
- [ ] Ist zu viel Routine für dich ein Gräuel? D

- ☐ Bist du relativ schnell bereit, etwas loszulassen, was sich leider nicht ergeben hat, statt krampfhaft daran festzuhalten? B
- ☐ Sitzt du im Flugzeug am liebsten am Fenster? D
- ☐ Bist du scharfsinnig und intelligent? A
- ☐ Spülst du gerne von Hand? B
- ☐ Gibst du dir selbst und anderen Halt? C
- ☐ Ist dir deine Freiheit sehr wichtig, in der Partnerschaft und in deinem Job? D
- ☐ Hast du Freude an Wettkämpfen und spornt dich Konkurrenz an? A
- ☐ Bleibst du beharrlich und ausdauernd an einer Sache dran? C
- ☐ Bist du zielstrebig und setzt alles daran, das, was du dir vorgenommen hast, auch zu erreichen? A
- ☐ Fühlst du dich leicht eingeengt und bevormundet? D
- ☐ Fällt es dir schwer, Grenzen zu setzen? B
- ☐ Bist du manchmal bequem und schwer zu etwas zu bewegen? C
- ☐ Reizt es dich, einmal mit einem Gleitschirm zu fliegen? D

Auswertung

Im Idealfall hast du von allen Elementen gleich viele Anteile, dann bist du im Gleichgewicht. Das ist aber selten der Fall, da wir alle bestimmte Anlagen mitbringen und diese normalerweise entsprechend unserer Neigungen verstärken. Von daher ist es dir eine Hilfe, wenn du erkennst, welches Element bei dir im Überschuss vorhanden ist. Daraus kannst du zum Beispiel Rückschlüsse für deine Freizeitgestaltung ziehen und dann gezielt darauf achten, dass du das überschießende Element mit anderen Elementen ausgleichst. Dazu findest du bei jedem Element Anregungen für die Stärkung der Elemente.

Es hilft dir bestimmt auch, deine Mitmenschen in deiner Familie oder als Kollegen besser einzuschätzen und zu verstehen. Bitte bedenke: Du kannst niemanden ändern, außer dich selbst.

Überwiegend A

Du hast ganz schön viel Feuer und bist mit Eifer und hohem Tempo unterwegs! Da du ehrgeizig und zielstrebig bist, ist dir keine Herausforderung zu viel. Du läufst erst richtig zu Höchstleistungen auf, wenn du eine große Herausforderung zu bewältigen hast. Kein Ziel ist dir zu hoch und du liebst es, dich mit anderen zu messen. Auch körperlich reizt dich ein sportlicher Wettkampf. Du strotzt vor Energie und schreckst vor nichts zurück. Mutig stürzt du dich ins Abenteuer und liebst die Gefahr, das Spiel mit dem Feuer.

Mit deinem Charisma kannst du andere mitreißen und schnell für dich gewinnen. Du bereicherst jede Party mit deinem Witz und deiner Ausstrahlung. Durch deine Attraktivität bist du oft im Mittelpunkt und begeisterst andere mit deinem Esprit. Scharfsinnig analysierst du eine Situation und hältst auch nicht lange mit dem Ergebnis hinterm Berg. Dann können auch schon mal die Funken fliegen und du hinterlässt verbrannte Erde.

Feuertypen sind prädestiniert dafür, Führungskraft zu sein. Sie gehen furchtlos voran und motivieren andere mit ihrer eigenen Begeisterung ganz automatisch. Durch ihre Fähigkeit zu leuchten treten sie oft an prominenter Stelle an die Öffentlichkeit. Sie sind begabte Redner (Politiker, Comedian, Sänger) mit einer kräftigen, klangvollen Stimme.

Als ausgeprägter Feuertyp läufst du Gefahr, von deinem eigenen Feuer verzehrt zu werden und auszubrennen. Deswegen solltest du darauf achten, dein Feuer nicht zusätzlich mit zu viel Luft anzufachen. Nimm dir weniger vor und lass es ruhiger angehen. Bewegung tut gut, um deine überschüssige Feuerenergie auszupowern, damit sie nicht zu einem Vulkanausbruch wird.

Es tut dir gut, die Elemente Erde und Wasser noch stärker in deinem Leben zu verankern. Wie wäre es, mal eine Stunde auf der Gartenbank zu sitzen und die Füße still zu halten, oder mit einem entspannenden Wannenbad?

Freizeitbeschäftigung zum Ausgleich: Achtsamkeitsübungen, nach innen gehen, Musik hören, Meditation

Im Ayurveda entspricht das Element Feuer dem Pitta-Typ. Sie essen gerne scharf, schwitzen leicht und haben eine feurige Verdauung.

Überwiegend B

Wasser ist dein Element! Du liebst es, alles auf dich zukommen zu lassen, und bist gut im Fluss. Es gelingt dir auch ohne große Planung, deine Vorhaben umzusetzen. Du klammerst dich an nichts fest und lässt dich gerne auch mal treiben – im vollen Vertrauen, dass das Leben abwechslungsreich ist und dir schon die richtigen Dinge und Menschen zuspielen wird.

Die weiblichen Anteile überwiegen in deinem Typ. Du kannst dich voll und ganz hingeben und dich sehr gut anpassen. Dabei vergisst du manchmal, auf deine Grenzen zu achten. Es kann sein, dass es dir schwerfällt, bei einer Beschäftigung eine scharfe Kontur zu ziehen, was dazu führt, dass bei dir leicht etwas ausufert. Du verlierst die Form und fängst an zu schwimmen. Wo ist der Fokus? Zugleich ist es eine Gabe, mit deinem grenzenlosen Wasserwesen fruchtbaren Boden für andere zu bereiten und für ganz viele Menschen mit deinem Element da zu sein.

Du bist ein starker Gefühlsmensch und empfindest mehr als deine Mitmenschen. Als Wassertyp durchdringst du alles und nimmst sehr viel wahr. Du kannst sehr gut zuhören und das Gesagte aufnehmen. Vielleicht gehörst du zu den hochsensiblen Personen, denen schnell alles zu viel wird. Deine Gabe ist es, etwas in Auflösung zu bringen. Deswegen sind Wassertypen gute Therapeuten, als Freunde oder auch im Beruf als Coach, Heilpraktiker und Arzt.

Wenn du ein ausgeprägter Wassermensch bist, tut es dir vielleicht gut, nicht alles so nah an dich heranzulassen. Achte auf deine Gefühle und ziehe dich rechtzeitig zurück. Der Umgang mit extremen Feuertypen, die manchmal richtige Draufgänger sein können, fällt dir mitunter schwer.

Eine Stärkung des Elementes Erde gibt dir mehr Stabilität und hilft dir, deine Form zu wahren.

Freizeitbeschäftigung zum Ausgleich: Bogenschießen, Gartenarbeit, kreatives Gestalten

Im Ayurveda entspricht der Wassertyp dem Dosha Kapha.

Überwiegend C

Du bist ein sehr erdverbundener Typ. In der Natur fühlst du dich zu Hause und du kommunizierst mit allen Wesen. Du achtest auf eine gute Ernährung und deine Gesundheit.

Es bringt dich so schnell nichts aus der Ruhe. Auf dich kann man bauen. Du bist sehr zuverlässig und verbindlich, ein*e treue*r Gefährt*in! Du bist sehr bodenständig und dein Leben hat viel Struktur, nicht zuletzt durch deinen Sinn für Ordnung. Mit Regelmäßigkeit und Routine kommst du gut klar, Unvorhergesehenes bringt dich leicht aus dem Takt. Wenn möglich, überlässt du nichts dem Zufall.

Durch deinen Sinn für Schönheit ist dein Zuhause geschmackvoll eingerichtet und du achtest auf ein ansprechendes Äußeres. Deine Kreativität lebst du in deiner Werkstatt, im Garten oder in der Küche voll aus und die Ergebnisse können sich sehen lassen.

Ausgeprägte Erdtypen sind nur schwer zu bewegen. Sie bleiben gerne zu Hause und in ihrer gewohnten Umgebung. Der Wechsel einer Arbeitsstelle zum Beispiel stellt für sie eine große Herausforderung dar. Am besten bleibt immer alles so, wie es ist.

Etwas mehr Leichtigkeit und Flexibilität würden dir guttun. Umgib dich mehr mit dem Element Luft oder suche dir Menschen in deinem Umfeld, die dich mit ihrem Schwung und ihren Ideen mitziehen. Auch ein bisschen mehr Feuer der Begeisterung kann dich aus deiner Routine holen. Sei offen für Menschen und Aktivitäten, die dir mehr Bewegung bringen.

Freizeitbeschäftigung zum Ausgleich: Radfahren, Ballspiele (wie Federball, Tischtennis oder Volleyball), Reisen, etwas tun, was du noch nie gemacht hast.

Im Ayurveda entspricht ein Übermaß an dem Element Erde dem Kapha-Typ.

Überwiegend D

Bei dir herrscht das Element Luft vor. Du gehst mit Leichtigkeit durchs Leben. Eben noch dort, bist du im nächsten Moment schon da. Es macht dir große Freude, unterwegs zu sein. Wozu anhalten? Der Weg ist das Ziel! Du bist vielseitig begabt und probierst alles gerne aus. Geht nicht, gibt's nicht. Spontaneität ist dein bester Freund, Langeweile hingegen kennst du nicht. Wenn dich etwas beflügelt, gehst du dem sofort nach. Eine Idee jagt die nächste. Das macht dein Umfeld manchmal ganz nervös und dich selbst auch.

Du hast ein großes Bedürfnis nach Freiheit und kannst dich nur schwer unterordnen, weder in der Beziehung noch im Beruflichen. Wenn man dich aber lässt, profitieren alle von deinem Ideenreichtum und deinen schnellen Lösungen. Als Ideengeber*in inspirierst du dein ganzes Umfeld und bist selbst auch immer wieder auf der Suche nach neuen Inspirationen.

Deswegen verreist du gerne und wenn möglich weit und oft. Fremde Länder und fremde Kulturen beflügeln dich.

Es macht dich unglücklich, zu lange an einem Ort zu sein, deswegen nimmst du jede Gelegenheit für einen Ausflug wahr. Sobald du den Wind unter deinen Flügeln spürst, lebst du auf.

Wo ein ausgeprägter Lufttyp auftaucht, entsteht in Windeseile Chaos. Es wird alles durcheinandergewirbelt, sodass schnell Unordnung entsteht, sowohl im Raum als auch in den Köpfen der Umstehenden, die Zeuge des auftretenden Wirbelsturms wurden.

Zu viel von dem Element Luft verursacht sogenannte Zivilisationskrankheiten, vor allem im Zusammenhang mit Feuer kann der Blutdruck steigen und das Herz wie verrückt schlagen. Es fällt dir sehr schwer, die Füße still zu halten, aber genau das ist der perfekte Ausgleich. Wie wäre es mal mit etwas mehr Gemütlichkeit und Ruhe? Eine Stärkung des Elementes Erde würde dir guttun.

Freizeitbeschäftigung zum Ausgleich: Gartenarbeit, spazieren gehen (besser als Radfahren oder Joggen), kochen, Puzzeln

Im Ayurveda entspricht das Element Luft dem Vata-Typ.

Wichtig für deine Gesundheit

Wenn du im Ungleichgewicht bist, körperlich oder psychisch, entstehen über kurz oder lang Krankheiten. Im Idealfall befindest du dich in einem Ausgleich der vier Elemente.

In der antiken Heilkunst hat man auf die Bestimmung des Typs und die daraus resultierenden ausgleichenden Behandlungen großen Wert gelegt, denn der Gesunderhaltung kam eine große Bedeutung zu, weil es weitaus weniger Möglichkeiten gab, ernsthafte Erkrankungen zu kurieren.

Die Heilmittel waren individuell auf den einzelnen Menschen und seine Verfassung ausgerichtet. Der Patient wurde auch in die Pflicht genommen, etwas an seinem Ungleichgewicht zu verändern. Es lag in seiner Verantwortung, ob er gesund blieb oder durch seine Lebensumstände krank wurde. Der Arzt half ihm herauszufinden, was aus dem Ruder gelaufen war, und gab ihm konkrete Hinweise für sein Verhalten und seine Essgewohnheiten.

In der modernen Medizin wird wenig Rücksicht auf deinen Konstitutionstyp genommen. Behandelt wird das Symptom, ein Organ, eine Krankheit, aber der Entstehung der Krankheit durch dein Verhalten, deine Lebensumstände oder deine Ernährung wird meistens wenig Beachtung geschenkt. Mit den Standardverordnungen, die in ärztlichen Behandlungsschemata festgelegt sind, werden gute Erfolge erzielt – das Symptom wird unterdrückt, manchmal auch kuriert. Aber da die Ursache nicht geändert wurde, sind die nächsten Krankheiten vorprogrammiert.

Die Vier-Säfte-Lehre

In der persischen Heilkunst, die auf Hippokrates (400 v. Chr.) zurückgeht und sehr lange die abendländische Medizin geprägt hat, wurden vier Grundtypen bestimmt. Die Vier-Säfte-Lehre teilte die Menschen nach ihrem »Humor« in vier Kategorien. Jedem Element entspricht ein Typus, der durch entsprechende Eigenschaften und Erscheinungsbilder beschrieben wird. Natürlich gibt es neben den Reinformen auch Mischtypen. Dein Typ kann sich im Laufe des Lebens verändern, manchmal springst du vielleicht sogar an einem Tag zwischen den Extremen hin und her. Interessant ist, dass den Kategorien auch typische Krankheitsbilder zugeordnet werden.

Die Humoralpathologie unterscheidet folgende Typen, denen jeweils ein »Saft« sowie ein Element zugeordnet wird.

Element	Körpersaft	Typ/Temperament
Luft	Blut	Sanguiniker
Feuer	gelbe Galle	Choleriker
Erde	schwarze Galle	Melancholiker
Wasser	Schleim	Phlegmatiker

Wenn du dein Temperament kennst, kannst du deine Lebensweise danach ausrichten und dafür sorgen, dass du ein Ungleichgewicht der Säfte vermeidest. Eine starke Disharmonie über lange Zeit wird unweigerlich zu Krankheit führen. Durch Ausgleich der vier Elemente kannst du somit einiges zur Prävention von Krankheiten beitragen und Verantwortung für deine Gesundheit übernehmen.

Ayurveda-Typen

Sehr ähnlich ist die Einteilung der Typen in der Dosha-Lehre der Ayurveda-Heilkunst. Hier werden drei Doshas charakterisiert sowie Mischtypen daraus.

Dosha		
Vata	trocken/kalt	Luft
Pitta	heiß	Feuer
Kapha	kalt/nass	Erde/Wasser

Ziel ist es auch beim Ayurveda, die drei Doshas in einen harmonischen Ausgleich zu bringen, um die Gesundheit zu erhalten und Krankheit zu vermeiden. Dies geschieht durch die Ernährung mit Nahrungsmitteln, die das eine oder andere Dosha fördern beziehungsweise reduzieren, sowie Verhaltenstipps, um das Ungleichgewicht nicht auch noch zu verstärken. Bei einem Vata-Überschuss sollte man nicht noch das Element Luft durch Joggen oder Radfahren verstärken, sondern lieber Waldbaden.

Auch die Jahreszeiten haben einen Einfluss auf die Doshas. So gilt es zum Beispiel im Hochsommer die Feuerenergie des Pitta eher mit kühlenden Speisen zu reduzieren und im Winter das vorherrschende Kapha mit eher heißen, wärmenden Speisen zu harmonisieren.

Zusammenfassende Übersicht über die Elemente

	Feuer	Erde	Wasser	Luft
Bezugsystem	Geist	Körper	Gefühle	Gedanken
Temperament	aufbrausend	ruhig	gelassen, traurig	heiter
Qualität	Transformation, Energie, Begeisterung	Stabilität, Vertrauen, Fülle, Schönheit	Lebendigkeit, Loslassen, Hingabe, Flow	Flexibilität, Leichtigkeit, Freiheit, Innovation, Inspiration
Farbe	Rot	Grün	Blau	Weiß
Symbol	Feuer, Kerze	Holz, Stein	Muschel	Feder
Sternzeichen	Widder, Löwe, Schütze	Stier, Jungfrau, Steinbock	Krebs, Skorpion, Fische	Zwillinge, Waage, Wassermann
Himmelsrichtung	Süden	Norden	Westen	Osten
Pflanzenteil	Samen	Wurzel	Blatt	Blüte
Nahrungsmittel	Öle	Wurzeln, Knollen	Wasser	Obst
Weiblich/männlich	männlich	weiblich	weiblich	männlich
Humore	Choleriker	Phlegmatiker	Melancholiker	Sanguiniker

Literatur

Mary Reynolds Thompson: *Der Ruf der wilden Seele*, Neue Erde Verlag

Beate und Olaf Hofmann: *Leben mit tausend Sternen*, adeo Verlag

Maité Milliéroux und Marc Pouyet: *LandArt Mandala – Kreative Naturmandalas*, Arun Verlag

Masaru Emoto: *Die Botschaft des Wassers*, Koha Verlag

Jeanne Ruland: *Im Reich der Naturgeister*, Schirner Verlag

Sylvia Koch-Weser, Geseko von Lüpke: *Vision Quest – Visionssuche*, Drachen Verlag

Sina Lucia Kottmann: *Die Kraft der Elemente*, Nymphenburger in der Franckh-Kosmos Verlags-GmbH & Co. KG

Isabel Arends: *BaumMedizin*, Crotona Verlag

Manuel Angerer: *Wie uns die Natur den Weg weist*, Freya Verlag

Adelheid Brunner: *Pflanzen-Schamanismus*, Nymphenburger in der Franckh-Kosmos Verlags-GmbH & Co. KG

Doreen Virtue: *Wie oben so unten,* KOHA Verlag

Clemens G. Arvay: *Der Biophilia Effekt,* ullstein Verlag

Ursula Stumpf: *Pflanzengöttinen und ihre Heilkräuter*, Kosmos Verlag

Susanne Fischer-Rizzi: *Medizin der Erde* und *Blätter von Bäumen,* AT Verlag

Dank

Mein größter Dank gilt Meinhard Stulz. Durch dich und den wunderschönen Platz, den du geschaffen hast und so liebevoll erhältst, konnte ich ganz tief eintauchen und das Zusammenwirken allen Lebens erspüren. Sei es beim Lauschen der Nachtigall in einer Vollmondnacht, dem Spiel der Glühwürmchen in der Abenddämmerung, dem erfrischenden Bad im Fluss an einem heißen Sommertag, den ruhigen Kanufahrten auf dem sich ständig wandelnden Fluss oder den unzähligen Abenden am prasselnden Feuer zu jeder Jahreszeit.

Und natürlich Lilly, die uns bei all unseren Ausflügen auf Schritt und Tritt mit ihren kurzen Beinchen begleitet hat. Wie viele Stunden hat sie mit mir geduldig am Baum gesessen und aufgepasst, sodass ich mich ganz fallen lassen konnte!

Ich danke auch Raymont Franke, der mir bei unseren ausgedehnten Barfußwanderungen zu Kraftorten in der Sächsischen Schweiz durch seinen spirituellen und feinfühligen Blick auf die Natur gezeigt hat, wie alles miteinander schwingt und klingt.

Von Herzen bedanke ich mich auch bei meiner lieben Freundin Isabel Arends, die so selbstverständlich ihre Hand an einen Baumstamm legt, um mit ihm zu telefonieren, und immer Botschaften übermittelt. Danke, dass du mich beim Schreiben ermutigt und bei der Stange gehalten hast.

Danke auch an Peter Jud für unseren so »häärzigen« Austausch auf der Almhütte in den Schweizer Bergen, die mir die wilde, ursprüngliche Kraft der Elemente in den Bergen nahegebracht hat – und natürlich die Arven!

Über die Autorin

Anita Maas hat im Studium der Pharmazie die Heilpflanzen kennengelernt und seit der Ausbildung von Susanne Fischer-Rizzi in traditioneller Heilpflanzenkunde das Wesen der Pflanzen studiert. In einer vierjährigen schamanischen Ausbildung in der Andentradition hat sie sich spirituelles Wissen über die Berge und Flüsse als Wesenheiten, das heilige Feuer und die Kommunikation mit allen sichtbaren und unsichtbaren Wesen angeeignet. Als Herausgeberin des *Maas Magazin für bewusstes und erfülltes Leben* hat sie viele Weisheitslehrer und Projekte kennengelernt.

Ihr reichhaltiges Wissen gibt sie in Naturcoachings (eins zu eins), Naturritualen und Natur-Retreats weiter.

www.maas-mag.de

www.maas-naturcoaching.de

Bildnachweis

S. 18: Shutterstock.com/Tom Tom
S. 26: Shutterstock.com/Kritskiy-ua
S. 32: Shutterstock.com/Nature energy
S. 38: Shutterstock.com/Altrendo Images
S. 44: Shutterstock.com/MathieuLphoto
S. 50: Shutterstock.com/ON-Photography Germany
S. 59: Shutterstock.com/jsalasberry
S. 60: Shutterstock.com/Wako Megumi
S. 73: Shutterstock.com/OtmarW
S. 76: Shutterstock.com/Wirestock Creators
S. 85: Shutterstock.com/everst
S. 89: Shutterstock.com/ChavezEd
S. 91: Shutterstock.com/sunakri
S. 94: Shutterstock.com/Andrei Lagunov
S. 110: Shutterstock.com/Stanislavskyi
S. 113: Shutterstock.com/Kitreel
S. 120: Shutterstock.com/Martin Klank
S. 130: Shutterstock.com/verunkazd
S. 132: Shutterstock.com/Cristian Gusa
S. 152: Shutterstock.com/fluke samed
S. 161: Shutterstock.com/AllaBond
S. 162: Shutterstock.com/Andris Barbans
S. 165: Shutterstock.com/Yelloo
S. 169: Shutterstock.com/Iryna Loginova
S. 171: Shutterstock.com/lassedesignen
S. 172: Shutterstock.com/swatchandsoda
S. 175: Shutterstock.com/Alex Manders
S. 178: Shutterstock.com/MichaelGarcia_Photography
S. 180: Shutterstock.com/Brian Goodman

S. 182: Shutterstock.com/yanikap
S. 185: Shutterstock.com/Soloviova Liudmyla
S. 192: Shutterstock.com/fotohunter
S. 197: Shutterstock.com/suraram kag
S. 211: Shutterstock.com/anatoliy_gleb
S. 218: Shutterstock.com/Laviart
S. 228: Shutterstock.com/Christine Kuchem
S. 234: Shutterstock.com/Followtheflow
S. 254: Shutterstock.com/Ronny Barthel